Islamic Names
for
Muslim Babies

As-Salaam-Alaikum brothers and sisters.
I hope you find this book useful, and that it
helps you to discoverthe perfect name for
your newborn baby.

Names
for Boys

Aaban
Aabdar
Aabdeen
Aabid
Aabis
Aadam
Aadheen
Aadil; Adil
Aafiya
Aafreen
Aaftab; Aftab
Aahil
Aaish
Aakif
Aalam; Alam
Aalee
Aali
Aalim
Aamil
Aamir
Aamirah

Aaqib
Aaqil
Aarib
Aarif
Aariz
Aarzam
Aas
Aashif
Aashiq
Aashir
Aasi
Aasif
Aasim
Aatif
Aatiq
Aatish
Aayid
Aazad
Aazim
Abaan
Abadiya
Abadiyah
Abahh
Aban
Abbaad
Abbaas

Abbad

Abbas

Abbood

Abbud

Abbudin

Abd

Abd Al-Ala

Abd Khayr

Abd us Salam

Abdah

Abdes Shakur

Abdnan

Abdud Daar

Abdud Daarr

Abdul

Abdul Aakhir

Abdul Aalee

Abdul Adal

Abdul Adl

Abdul Afuw

Abdul A'fuww

Abdul Ahad

Abdul Aleem

Abdul A'leim

Abdul A'leyy

Abdul Ali

Abdul Alim

Abdul Aliyy

Abdul Awwal

Abdul Azeem

Abdul Azeez

Abdul A'zeim

Abdul A'zeiz

Abdul Azim

Abdul Aziz

Abdul Baa'eith

Abdul Baa'qei

Abdul Baari

Abdul Baasid

Abdul Baasit

Abdul Baa'sit

Abdul Baa'tin

Abdul Ba'deie

Abdul Badi

Abdul Bais

Abdul Baith

Abdul Baqi

Abdul Bari

Abdul Barr

Abdul Baseer

Abdul Ba'seir

Abdul Basir

Abdul Basit
Abdul Batin
Abdul Fattah
Abdul Ghaffar, Abdul Ghafur
Abdul Ghafoor
Abdul Gha'neyy
Abdul Ghani
Abdul Haa'dei
Abdul Haadi
Abdul Haafiz
Abdul Hadi
Abdul Haey'y
Abdul Hafeez
Abdul Ha'feiz
Abdul Hafiz
Abdul Hai
Abdul Hakam
Abdul Hakeem
Abdul Hakeen
Abdul Ha'keim
Abdul Hakim
Abdul Haleem
Abdul Ha'leim
Abdul Halim
Abdul Hameed

Abdul Ha'meid
Abdul Hamid
Abdul Hannan
Abdul Haq
Abdul Haqq
Abdul Haseeb
Abdul Ha'seib
Abdul Hasib
Abdul Hayy
Abdul Jaa'mie
Abdul Jabaar
Abdul Jabbar
Abdul Jaleel
Abdul Ja'leil
Abdul Jalil
Abdul Jame
Abdul Jamil
Abdul Jawwad
Abdul Ka'beir
Abdul Kabir
Abdul Kader
Abdul Kafi
Abdul Kareem
Abdul Ka'reim
Abdul Karim
Abdul Khaa'fid

Abdul Khaa'liq

Abdul Kha'beir

Abdul Khabir

Abdul Khabir

Abdul Khafiz

Abdul Khaliq

Abdul Lateef

Abdul La'teif

Abdul Latif

Abdul Maajid

Abdul Maalik

Abdul Maane

Abdul Majeed

Abdul Majid

Abdul Malek

Abdul Malik

Abdul Mani

Abdul Mannan

Abdul Mateen

Abdul Ma'tein

Abdul Matin

Abdul Moakhir

Abdul Mo'eizz

Abdul Moez

Abdul Mo'hai'min

Abdul Mohsi

Abdul Momit

Abdul Mo'qaddim

Abdul Moqit

Abdul Mo'saw'wir

Abdul Mo'ta'kab'bir

Abdul Mubdee

Abdul Mubdi

Abdul Mueed

Abdul Mughni

Abdul Muhaimin

Abdul Muhaymin

Abdul Muh'sei

Abdul Muhsi

Abdul Muhsin

Abdul Muhyee

Abdul Muh'yei

Abdul Muhyi

Abdul Muid

Abdul Muiz

Abdul Muizz

Abdul Mujeeb

Abdul Mujib

Abdul Mumin

Abdul Muntaqim

Abdul Muqaddim

Abdul Muqeet

Abdul Muqsit	Abdul Qahhar
Abdul Muq'sit	Abdul Qahir
Abdul Muqtadir	Abdul Qayyoom
Abdul Muq'tadir	Abdul Qayyum
Abdul Musawwir	Abdul Quddoos
Abdul Mutaal	Abdul Qud'dous
Abdul Mutakabbir	Abdul Quddus
Abdul Mutali	Abdul Qudoos
Abdul Muti	Abdul Raafi
Abdul Muttalib	Abdul Rabb
Abdul Muzanni	Abdul Rafi
Abdul Nafi	Abdul Rahaman
Abdul Naseer	Abdul Raheem
Abdul Nasir	Abdul Rahim
Abdul Nasser	Abdul Rahman
Abdul Noor	Abdul Raqib
Abdul Nur	Abdul Rashid
Abdul or 'Abd	Abdul Rauf
Abdul Qaadir	Abdul Ra'uf
Abdul Qaa'dir	Abdul Razzaq
Abdul Qabiz	Abdul Rehman
Abdul Qadeer	Abdul Sabur
Abdul Qadir	Abdul Salam
Abdul Qaey'youm	Abdul Samad
Abdul Qahaar	Abdul Sami
Abdul Qah'haar	Abdul Sattar

Abdul Shahid
Abdul Shakoor
Abdul Shakur
Abdul Tawwab
Abdul Vajed
Abdul Vakil
Abdul Waahid
Abdul Waali
Abdul Waase
Abdul Wadood
Abdul Wadud
Abdul Wahhab
Abdul Wahid
Abdul Wajid
Abdul Wakil
Abdul Wali
Abdul Waliy
Abdul Waris
Abdul Warith
Abdul Wasi
Abdul Zahir
Abdul, Abdel
Abdul-Aalee
Abdul-Adheem
Abdul-Adl
Abdul-Afuw

Abdul-Ahad
Abdul-Akhir
Abdul-Aleem
Abdul-Ali
Abdul-Alim
Abdul-Aliyy
Abdul-Awwal
Abdul-Azeem
Abdul-Azeez
Abdul-Azim
Abdul-Aziz
Abdul-Baaqi
Abdul-Baari
Abdul-Baasit
Abdul-Badee
Abdul-Badi
Abdul-Baith
Abdul-Baqi
Abdul-Bari
Abdul-Barr
Abdul-Baset
Abdul-Basir
Abdul-Basit
Abdul-Batin
Abdul-Dhahir
Abdul-Fataah

Abdul-Fattah
Abdul-Ghafaar
Abdul-Ghaffar
Abdul-Ghafoor
Abdul-Ghafur
Abdul-Ghani
Abdul-Haady
Abdul-Haafiz
Abdul-Hadi
Abdul-Hafeedh
Abdul-Hafezh
Abdul-Hafiz
Abdul-Hakam
Abdul-Hakeem
Abdul-Hakim
Abdul-Haleem
Abdul-Halim
Abdul-Hameed
Abdul-Hamid
Abdul-Haq
Abdul-Haqq
Abdul-Haseeb
Abdul-Hasib
Abdul-Hayy
Abdul-Jabaar
Abdul-Jaleel

Abdul-Jalil
Abdul-Jamee
Abdul-Jami
Abdul-Kabir
Abdul-Kareem
Abdul-Karim
Abdul-Khaaliq
Abdul-Khabir
Abdul-Khafed
Abdul-Khafid
Abdul-Khaleq
Abdul-Khaliq
Abdullah
Abdul-Lateef
Abdul-Latif
Abdul-Maalik
Abdul-Majeed
Abdul-Majid
Abdul-Malik
Abdul-Mateen
Abdul-Matin
Abdul-Mubde
Abdul-Mubdi
Abdul-Mueez
Abdul-Mu'eid
Abdul-Mughni

Abdul-Muhaimin
Abdul-Muhaymen
Abdul-Muhaymin
Abdul-Muhsi
Abdul-Muhye
Abdul-Muhyi
Abdul-Muiz
Abdul-Mu'izz
Abdul-Mujeeb
Abdul-Mujib
Abdul-Mu'men
Abdul-Mumin
Abdul-Muqaddem
Abdul-Muqaddim
Abdul-Muqset
Abdul-Muqtadir
Abdul-Musawwir
Abdul-Mutaal
Abdul-Muta'alee
Abdul-Mutakabber
Abdul-Mutakabbir
Abdul-Nafee
Abdul-Nafi
Abdul-Nasir
Abdul-Nasser
Abdul-Nur

Abdul-Qaadir
Abdul-Qadir
Abdul-Qadr
Abdul-Qahaar
Abdul-Qahhar
Abdul-Qaiyoum
Abdul-Qawi
Abdul-Qayoum
Abdul-Qayyum
Abdul-Quddus
Abdul-Qudoos
Abdul-Raafi
Abdul-Rafee
Abdul-Rafi
Abdul-Raheem
Abdul-Rahim
Abdul-Rahmaan
Abdul-Raouf
Abdul-Raqib
Abdul-Rasheed
Abdul-Rashid
Abdul-Ra'uf
Abdul-Razaaq
Abdul-Saboor
Abdul-Sabur
Abdul-Sabur

Abdul-Salaam
Abdul-Salam
Abdul-Samad
Abdul-Samee
Abdul-Sami
Abdul-Samie
Abdul-Shahid
Abdul-Shakoor
Abdul-Shakur
Abdul-Tawaab
Abdul-Tawab
Abdul-Tawwab
Abdul-Waahid
Abdul-Waajid
Abdul-Wadood
Abdul-Wadud
Abdul-Wahhab
Abdul-Wahid
Abdul-Wajed
Abdul-Wajid
Abdul-Wakil
Abdul-Waley
Abdul-Wali
Abdul-Wareth
Abdul-Warith
Abdul-Wasee

Abdul-Wasi
Abdul-Zhaher
Abdun Naafe
Abdun Naa'fie
Abdun Nasir
Abdun Noor
Abdun Nou'r
Abdun-Nur
Abdur Rab
Abdur Rabb
Abdur Rafi
Abdur Raheem
Abdur Ra'heim
Abdur Rahim
Abdur Rahman
Abdur Raoof
Abdur Raqeeb
Abdur Raqib
Abdur Rasheed
Abdur Rashid
Abdur Rauf
Abdur Razzaaq
Abdur Razzad
Abdur Razzaq
Abdur Salam
Abdur-Raa'fie

Abdur-Rafi

Abdur-Raheem

Abdur-Rahman

Abdur-Raqeeb

Abdur-Rasheed

Abdur-Rashid

Abdur-Rauf

Abdur-Razzaq

Abdus

Abdus Saboor

Abdus Sabur

Abdus Salaam

Abdus Salam

Abdus Samad

Abdus Sami

Abdus Sattar

Abdus Shafi

Abdus Shahid

Abdus Smad

Abdus Subbooh

Abdus Subhan

Abdus Subooh

Abdush Shafi

Abdush Shaheed

Abdush Shahid

Abdush-Shahid

Abdush-Shakur

Abdus-Sabour

Abdus-Sabur

Abdus-Salaam

Abdus-Samad

Abdus-Sameei

Abdus-Sami

Abdus-Shaheed

Abdus-Shakur

Abdut Tawwab

Abduz Zahir

Abed

Abedin

Abid

Abidin

Abidullah

Abisali

Abood

Abrad

Abraha

Abram

Abrar

Abrash

Abraz

Abreeq

Absar

Absat

Absham

Absi

Abteen

Abt'hi

Abu al Khayr

Abu Ayyub

Abu Bakr

Abu Darda

Abu Dawud

Abu Hanifa

Abu Hurairah

Abu Huzaifah

Abu Isa

Abu Juhafa

Abu Mahzoorah

Abu Masood

Abu Moosa

Abu Saeed

Abu Talha

Abu Talib

Abu Turab

Abu Ubaidah

Abu Yousuf

Abu Zar

Abual Khayr

Abul Alaa

Abul Barakat

Abul Bashar

Abul Farah

Abul Faraj

Abul Fath

Abul Fazl

Abul Haisam

Abul Hasan

Abul Husain

Abul Kalam

Abul Khair

Abul Khayr

Abul Mahasin

Abul Qasim

Abul Yumn

Abul Yusr

Abul-Hassan

AbulKhayr

Abuzar

Abyad

Abyan

Abyaz

Abzari

Adam

Adan

Adawi	Affan
Adbul-Qawi	Afham
Adeeb	Afif
Adeel	Afif, Afeef
Adeem	Afif-ud-Din
Adel	Afkar
Adel, Adil	Aflah
Adham	Afraa
Adheen	Afraz
Adi	Afridi
Adib	Afroz
Adil	Afroze
Adiy	Afsa
Adl	Afsah
Adli	Afsar
Adnaan	Afsar-ud-Din
Adnan	Aftab; Aftaab
Aduz Zahir	Aftab-ud-Din
Adyan	Aftar
Aejaz	Afuww
Afaaq	Afzaal
Afandi	Afzal
Afaq	Afzul
Afdaal	Aga
Afdal	Agharr
Afeef	Aghlab

Agrim
Ahad
Ahd
Ahdaf
Ahil
Ahkam
Ahlam
Ahmad, Ahmed
Ahmadullah
Ahmar
Ahmed
Ahnaf
Ahraz
Ahsab
Ahsan
Ahtesham
Ahwas
Ahyan
Ahzab
Aidh
Aijaz
Aiman
Aishah
Aiz
Aizaad
Ajawid

Ajaz
Ajer
Ajib
Ajlah
Ajmal
Ajtaba
Ajwad
Akalmash
Akbar
Akbar Khan
Akeem
Akfash
Akhas
Akhdan
Akhfash
Akhil
Akhlaq
Akhmas
Akhram
Akhtar
Akhter
Akhund
Akhund Zada
Akhzar
Akif
Akil

Aklamash
Akmal
Akmal
Akram; Akaram
Akshan
Al Abbas
Al Amin
Al Bara
Al Burhan
Al Faiz
Al Hakam
Al Harith
Al Mamoon
Al Rafi
Al Safi
Al Siddiq
Al Tahir
Al Tayyib
Al Tijani
Al Tufail, Al Tufayl
Ala
Ala al Din
Alaa
Alaa Udeen
AlAbbas
Aladdin, Ala al din
Alaleem
Alam
Alamgeer
Alamgir
Ala-ud-Din
Alawi
Aleef
Aleem
Aleemuddin
Aleem-ul-Huda
Alhad
Alhan
Alhasan
Alhazar
Alhusain; Alhusayn
Ali , Ali, Aliyy
Ali Asghar
Ali Hamza
Ali, 'Ali, 'Aliyy
Alibaba
Alif
Alih
Alim
Allah Bakhsh
Allahbukhsh
Allahditta

AllahrakhaAmanullah
Allal
Allam
Almahdi
Alman
Almas
Almir
Altaf
Altaf Hussain
Altair
Altamash
Alwaz
Aly Khan
Alyasaa
Amaan
Amaanat
Amaanullah
Amaar
Amad
Amal
Amam
Aman
Amanat
Amani
Amanuddin
Amanullah

Ameen
Ameer
Amenoolah Khan
Amer
Amid
Amiduddawlah
Amin, Ameen
Aminuddin
Amir, Ameer
Amirr
Amjaad
Amjad
Amlah
Ammaar
Ammar, Ammar
Ammar, 'Ammar
Amr
Amro
Amru
Amrullah
Amzad
Anahid
Anam
Anan
Anas
Anasah

Anbar

Aneeq

Anees

Aniq

Anis

Aniya

Anjam

Anjum

Anjuman

Anna

Annnees

Ansar

Ansari

Antar

Antarah

Anwaar

Anwar

Anwarulkarim

Anwerus Sadat

Anzar

Aqdas

Aqeel

Aqeil

Aqib

Aqil

Aqleem

Aqmar

Aqqad

Aqrab

Arab

Arafaat

Arafat

Araiz

Araysh

Arbaaz

Arbab

Arbad

Ardam

Areeb

Areef

Areej

Arees

Aref; Arif

Arfaa

Arfan

Arhab

Arham

Arif

Arikah

Arjmand

Arjumand

Arkaan

Arkan
Armaan
Arman
Arqam
Arsal
Arsalaan
Arsalan
Arsh
Arshad
Arshaq
Arslan
Arsylan
Artah
Arwah
Arwarh
Aryan
Arzan
Arzang
Arzu
Asaad
Asad
Asadel
Asadullah
Asar
Asbagh
Asbat

Aseed
Aseel
Aseer
Asfa
Asgar
Asghar
Asha'as
Asha'ath
Ashab
Ash'ab
Ashaj
Ashar
Ashaz
Asheem
Ashfaq
Ashhal
Ashhar
Ashim
Ashiq
Ashiq Ali
Ashiq Muhammad
Ashja
Ashkan
Ashmath
Ashnad
Ashqar

Ashraf

Ashras

Asif

Asil

Asim

Asir

Askar

Askari

Asla

Aslam

Asma

Asmar

Asooda

Asra

Asrar

Asrar

Astan

Aswad

Ata

Ata al Rahman

Ata Allah

Ata, Ataa

Atabuk

Atallah

Ataubaq

Ataullah

Ataur Rahman

Ateeb

Ateeq

Athar

Athazaz

Atheer

Athil

Athir

Atif

Atiq

Atir

Attar

Attiq

Atuf

Atyab

Aula

Aurang

Aurangzeb

Aus

Ausaf

Avid

Awad

Awais

Awaiz

Awan

Awanah

Awf	Ayyash
Awn	Ayyoob
Awni	Ayyub
Aws	Ayyub,Ayoob
Awwab	Aza
Awwal	Azaam
Ayaat	Azaan
Ayaaz	Azab
Ayat	Azad
Ayatullah	Azain
Ayaz	Azam
Aybak	Azb
Aydin	Azbak
Ayesh	Azeem, Azim
Ayham	Azeez
Ayman	Azeez; Aziz
Ayn	Azfar
Aynul Hasan	Azfer
Aynul Hayat	Azghan
Aynun Naim	Azhaar
Ayoob	Azhaf
Ayser	Azhar
Ayub	Azharan
Ayub Khan	Azhmeer
Ayub	Azim
Ayyad	Aziz

Azizullah
Azlan
Azli
Azmat
Azmeer
Azmi
Azraf
Azraq
Azraqi
Azud
Azududdin
Azzaam
Azzam
Baadi
Baahi
Baahir
Baaligh
Baar
Baare
Baari
Baariq
Baasim
Baasir
Baasit
Babar
Baber

Badeeh
Badi
Badiul Alam
Badiuz Zaman
Badiy
Badr
Badr al Din
Badr Udeen
Badran
Badr-e-Alam
Badrud Duja
Badruddin
Baghawi
Baha
Baha al Din, Bahiyy
Baha Udeen
Baha
Bahauddin
Baheej
Baheen
Baheer
Bahhas
Bahi
Bahij
Bahili
Bahir

Bahiy Udeen
Bahiyud Din
Bahjat
Bahlawan
Bahlul
Bahram
Bahu
Bahz
Baid
Bais
Bajala
Bajeel
Bakeet
Bakhit
Bakhsh
Bakht
Bakhtari
Bakhtawar
Bakhtiyar
Bakhtiyar
Bakir
Bakkar
Bakr
Bakri
Bakur
Balagh

Baleegh
Baleel
Baligh
Balj
Bandar
Baqa
Baqai
Baqar
Baqee
Baqi
Baqir
Bar
Bara
Barakah
Barakat
Barakatullah
Baraq
Bareed
Bareeq
Baresham
Barhi
Bari
Barii
Barir
Barkat
Barni

Barqash
Barr
Barraq
Basaam
Basair
Basan
Basaud
Baseem
Baseer
Baseerat
Baseet
Basel
Basem
Bashaar
Bashar
Basharat
Basheer
Bashir
Bashshar
Basil
Basim, Bassam
Basiq
Basir
Basit
Basman
Basool
Basr
Basrah
Bassam, Basim
Batal
Batin
Bayan
Bayazid
Bayhas
Baz
Bazam
Bazan
Bazikh
Bazil
Bazir
Bazish
Bazl
Bazlur Rahman
Bedar
Bedaruddin
Beg
Behlol
Behr
Behroz
Behzad
Beram
Bihar

Bihzad
Bilal
Bina
Binyamin, Benyamin
Bishr
Bostan
Boulos
Budail, Budayl
Budayr
Bujair
Bukhari
Buland
Bulbul
Bulhut
Buqrat
Burak
Buraq
Burayd
Buraydah
Burhaan
Burhan
Burhan-ud-Din
Bushr
Busr
Butrus
Changez

Cheekoo
Daafi
Daai
Daamin
Daamir
Daanish
Daanyal
Daawood
Dabbah
Dabir
Daboor
Dafiq
Daghfal
Dahbal
Dahhak
Dahi
Daib
Daif
Daifallah
Daim
Daiyan
Dakheel
Dakhil
Dalaj
Daleel
Daler

Dalil
Damdam
Dameer
Damian
Damurah
Dana
Dani
Daniel
Danish
Daniyal
Danyal
Dara
Darakhshan
Darim
Daris
Darman
Darraj
Darrak
Darvesh
Darwish
Dastagir
Dastgir
Daud
Da'ud, Dawud
Daudi
Dawar

Dawid
Dawlah
Dawood
Dawoud
Dawud
Dayim
Daylam
Dayyan
Dean
Deenar
Dhaafir
Dhaahir
Dhaakir
Dhaki
Dhakir
Dhakiy
Dhakwan
Dhareef
Dharr
Dhiya
Dhul
Dhul Fiqaar
Dhul Fiqar
Didar
Dihyah
Dihyat

Dil
Dil Nawaz
Dilafroz
Dilawar
Dilbar
Dildar
Dilnawaz
Dilshad
Din
Dina
Dinar
Dirar
Diwan
Diwan Muhammad
Diya
Diya al Din
Diyaa Udeen
Diyanat
Diyari
Dizhwar
Dost
Dost Muhammad
Duha
Dulamah
Duqaq
Durrah

Dyab
Ebrahim
Ehan
Ehsaan
Ehsaas
Ehsan
Ehtisham
Eijaz
Eitzaz
Ejaz
Ekbal
Ekhlaq
El-Amin
Elias
Emir
Emran
Esam, Essam
Eshaan
Eshan
Esmail
Faadi
Faadil
Faaid
Faaiq
Faaiz
Faakhir

Faalih
Faaris
Faarooq
Faateh
Faatih
Faaz
Fadil
Fadl
Fadl Ullah
Fadwa
Faeq
Fahd
Fahd, Fahad
Faheem
Fahim
Fahmi
Fahyim
Faid
Faik
Faiq
Faird
Faisal, Faysal
Faiyaz
Faiz
Faizaan
Faizan

Faizeen
Faiz-e-Rabbani
Faizi
Faizul Anwar
Faizullah
Fajahat
Fajaruddin
Fajer
Fajr
Fakaruddin
Fakeeh
Fakheem
Fakhir
Fakhiri, Fakhry
Fakhr
Fakhr al Din
Fakhri, Fakhry
Fakhr-ud-Dawlah
Fakhruddin
Fakhr-ud-Din
Fakhrul
Fakhry
Fakih
Falah
Faleh
Falih

Faliq
Faqeed
Faqeeh
Faqih
Faqir
Farafisa
Farah
Farahat
Faraj, Farraj
Farajallah
Faraqlit
Farasat
Faraz
Farazdaq
Fard
Fardeen
Fardeen; Fardin
Fare
Fareed
Fareez
Farhaan
Farhad
Farhal
Farhan
Farhat
Fari
Farid, Fareed
Fariduddin
Farih
Fariq, Fareeq
Faris
Fariz
Farjad
Farman
Farmanullah
Farook
Farookh
Farooq
Farooque; Farokh
Farouk
Farqad
Farraj
Farras
Farrukh
Farukh
Faruq, Farooq
Farwah
Fasahat
Faseeh
Fasih
Fasih Ur Rahman
Fasikh

Fastiq
Fatan
Fateen
Fateenah
Fateh
Fath
Fathi
Fathullah
Fatih
Fatik
Fatin
Fatin, Fateen
Fattah
Fattooh
Fawad
Fawaz
Fawwaaz
Fawwaz
Fawz
Fawzan
Fawzi
Fawzy
Fayaaz
Fayaz
Fayd
Fayek

Fayruz
Faysal
Fayyaad
Fayyad
Fayyadh
Fayyah
Fayyaz
Fayz
Fayzan
Fayzee
Fayzul Haq
Fazal
Fazalah
Fazan
Fazeelat
Fazil
Faziuddin
Fazl
Fazle Ilahi
Fazle Mawla
Fazle Rab
Fazle Rabbi
Fazli
Fazlullah
Fazulul Haq
Ferdows; Firdows

Feroz
Ferran
Fiam
Fida
Fidaa
Fiddah
Fidyan
Fikhar
Fikri
Firaas
Firas
Firasah
Firasat
Firdaus
Firdos
Firdose
Firdoze
Firoze; Firoz
Firyal
Fizan
Fizza
Fouad, Fuad
Fravash
Fuaad
Fuad
Fudail
Fudayl
Fujai
Furays
Furoogh
Furozh
Furqaan
Furqan
Furqau
Futteh Khan
Futuh
Fuwad
Fuzail
Gabir
Gadi
Galal
Gamal, Gamali
Gauhar
Ghaali
Ghaalib
Ghaamid
Ghaazi
Ghaffar
Ghafir
Ghafur
Ghais
Ghaith, Ghayth

Ghaiyyas
Ghali
Ghalib
Ghallab
Ghamir
Ghanem
Ghani
Ghanim
Ghannam
Ghannan
Ghaous
Gharib
Ghasaan
Ghashiah
Ghassaan
Ghassan
Ghaus
Ghauth
Ghawth
Ghaylan
Ghayoor
Ghayth
Ghayur
Ghayyath
Ghazalan
Ghazanfar

Ghazawan
Ghazi
Ghazir
Ghazwan
Ghazzal
Ghazzali
Ghiyaath
Ghiyas
Ghiyas-ud-Din
Ghiyath
Ghiyath
Ghofran
Ghufran
Ghulam, Gulam
Ghulam-Khan
Ghunaim
Ghunayn
Ghusharib
Ghusun
Ghutaif
Ghutayf
Gohar
Guda
Gul
Gulab
Gulam

Gulbar
Gul-e-Rana
Gulfam
Gulsan
Gulshan
Gulzar
Gurdana-Khan
Haadee
Haady
Haafil
Haafiz
Haajid
Haamid
Haani
Haaris
Haarith
Haaroon
Haashid
Haashim
Haashir
Haatim
Haazim
Haaziq
Habab
Habash
Habbab

Habeeb
Habeebullah
Habeel
Habib
Habibullah
Habis
Hadad
Hadaya
Haddad
Hadee
Hadi
Hadid
Hadir
Hadis
Hadrami
Hafeez
Hafi
Hafid
Hafiz
Hafizullah
Hafs
Haidar
Haider Bux
Haikal
Haitham
Haiyy

Haji
Hajib
Hajjaj
Hajveri
Hakam
Hakeem
Hakeem, Hakim
Hakem
Hakim
Hakim, Hakeem
Haleef
Haleem
Halif
Halim
Hallaj
Halwani
Hamad
Hamadullah
Hamal
Hamas
Hamd
Hamdaan
Hamdan
Hamdast
Hamdhy
Hamdi

Hameed
Hameedullah
Hameem
Hamham
Hami
Hamid
Hamidullah
Hamim
Hamiz
Hammad
Hammam
Hammouda
Hammud
Hamood
Hamoud
Hamraz
Hamshad
Hamud
Hamza
Hamzad
Hamzah
Hana
Hanai
Hananan
Hanash
Hanbal

Haneef
Hani
Hanif
Hanifah
Hanifud Din
Hanin
Hanlala
Hannad
Hannan
Hanoon
Hanzalah
Haq
Haqq
Haqqani
Haqqi
Haraam
Hareef
Hareem
Harim
Harir
Haris
Haris, Hares
Harisah
Harith
Hariz
Harmalah

Haroon
Haroun, Harun
Harun
Harun Al Rashid
Hasan
Hasanat
Haseeb
Haseef
Haseen
Haseen
Hasham
Hashash
Hasher
Hashid
Hashim
Hashimi
Hashir
Hashmat
Hasib
Hasif
Hasim
Hasin
Hasnain
Hassaan
Hassam
Hassam-ud-Din

Hassan	Henna
Hassib	Hesam
Hasson	Hiba
Hatam	Hibah
Hatem	Hibatullah
Hatib	Hibbaan
Hatif	Hibban
Hatim	Hidayat
Hatim	Hidayat-ul-Haq
Hawshab	Hifzur Rahman
Hayaat	Hikmat
Hayat	Hilaal
Hayder	Hilal
Hayee	Hilal, Hilel
Haysam	Hilali
Haytham	Hilmi
Hayy	Himayat
Hayyam	Himmat
Hayyan	Hirz
Hazim	Hishaam
Hazim	Hisham
Hazim, Hazem	Hissan
Haziq	Homair
Hazir	Hooman
Hazm	Hosaam
Hazrat	Houd

Houda
Hozaifah
Hub
Hubaab
Hubaish
Hubayl
Hud, Houd
Huda
Hudad
Hudhafah
Hudhaifa
Hudhaifah, Hudhayfah
Hujayyah
Hujjat
Hulayl
Humaid
Humaidaan
Humair
Humam
Humamuddin
Humayd
Humayl
Humayu; Humayun
Humayun
Humd
Humza

Hunayn
Hunayn
Huraira
Hurairah
Hurayra
Hurays
Hurayth
Hurmat
Hurrah
Husaam
Husaam Udeen
Husaam
Husain, Hussein
Husam
Husam al Din
Husamuddawlah
Husamuddin
Husayn
Husayn, Husein
Husayni
Husnan
Husni
Hussain
Hussein
Huthaya
Huthayfa

Huzaifa
Huzaifah
Huzair
Huzayfa
Huzayfah
Huzayl
Hyat
Ibaad
Ibn
Ibn Sina
Ibraheem
Ibrahim, Ibraham
Ibtisam
Id
Idrak
Idrees
Idris
Iesa
Ifran
Iftekhar
Iftikhar
Iftikhar-ud-Din
Iftikharus Sadat
Ifzal
Ihaab
Ihab

Ihsaan
Ihsan
Ihsanul Haq
Ihtesham
Ihtiraam
Ihtiram
Ihtisham
Ihtsham
Ijaz
Ijazul Haq
Ijlal
Ijli
Ikhlaas
Ikhlas
Ikhtiyar
Ikleel
Iklil
Ikram
Ikram-ul-Haq
Ikramullah
Ikrima
Ikrimah
Iksir
Ilaahi
Ilahi
Ilahi Bakhsh

Ilan

Ilash

Ilderim-Khan

Ilham

Ilias

Ilifat

Illiyas

Iltifat

Ilyaas

Ilyas

Imaad

Imaad Udeen

Imaad

Imaan

Imad

Imad al Din

Imaduddin

Imam

Imdad

Immad

Imraan

Imran

Imran-Khan

Imtiaz

Imtiyaz

Inaam

Inam

Inamul Haq

Inas

Inayat

Inayatuddin

Inayatullah

Inayatur Rahman

Iniat

Insaf

Insar

Inshaf

Inshirah

Intaj

Intakhab

Intikhab

Intisar

Intizar

Inzamam

Iqbal

Iqmal

Iqraam

Iqrit

Iqtidar

Iravat

Irfaan

Irfan

Irshad
Irtiza
Irtiza Husain
Isa, Eisa
Isaam
Isaar
Isabhani
Isad
Isam
Isam, Isam, Issam
Isbahani
Ishaaq
Is-haaq
Ishaq
Ishâque
Ishat
Ishayu
Ishfaq
Ishir
Ishrat
Ishtaq
Ishtiyaq
Iskafi
Iskandar
Islah
Islam

Ismaael
Ismad
Ismaeel
Ismah
Ismail
Ismat
Isra
Israail
Israfil
Israil
Israr
Issar
Istakhri
Istifa
Itakh
Itban
Ithaar
Itidal
Itimad
Iyaad
Iyaas
Iyaaz
Iyad
Iyali
Iyas
Izaan

Izaz
Izazuddawlah
Izhar
Izyan
Izz
Izz al Din
Izz Udeen
Izzaddeen
Izzat
Izzuddin
Jaabir
Jaad
Jaadallah
Jaafar
Jaan
Jaarallah
Jaasim
Jaasir
Jabal
Jabalah
Jabbar
Jabbar, Jabr
Jabber
Jabez
Jabir
Jabr

Jad
Jad Allah
Jadallah
Jadil-Haqq
Jadwal
Jafar, Jafar
Jaffar
Jaffer
Jah
Jahan
Jahanafirin
Jahangir
Jahangir-Khan
Jahanzeb
Jahdami
Jahdari
Jaheer
Jahid
Jahiz
Jahm
Jahsh
Jal
Jalaal
Jalal
Jalal al Din
Jalal-ud-Din

Jaleb
Jaleel
Jalees
Jalib
Jalil
Jalil, Jaleel
Jalis
Jam, Aan
Jamaal
Jamaal Udeen
Jamal
Jamal al Din
Jamal-ud-Din
Jameel
Jamesha
Jami
Jamil
Jamil, Jameel
Jammaz
Jamshed
Jamuh
Jan
Jan Muhammad
Janasheen
Janayd
Jandarah

Jan-e-Alam
Jansher-Khan
Jaraah
Jareed
Jareer
Jari
Jarir
Jariya
Jariyah
Jarood
Jarrar
Jarullah
Jasar
Jasim
Jasim-ud-Din
Jasir
Jasiyah
Jasmir
Jasoor
Jassur
Jasur
Jauhar
Jaul
Jaun
Javaid
Javed

Javeed	Juail
Javier	Juayl
Jawaad	Jubair
Jawad	Jubair, Jubayr
Jawahir	Jubayr
Jawaid	Juda
Jawan	Juday
Jawdah	Jugnu
Jawdat	Juhaym
Jaweed	Jul
Jawhar	Julaybib
Jawwad	Juma'
Jazam	Jumah, Jumuah
Jazib	Jumail
Jazlaan	Jumanah
Jeelan	Jummal
Jhanda	Junaid
Jibrail	Junaid, Junayd
Jibran	Junayd
Jibril	Jundub
Jihaad	Jurayj
Jihad	Jurhad
Jiyaad	Jusamah
Jiyad	Juthamah
Jnab	Juwain, Juwayn
Jnhih	Juyal

Juzar, Joozher, Joozhar,
Zuzer
Kaab
Kaalim
Kaamil
Kaarim
Kaashif
Kab
Kabaark
Kabeer; Kabir
Kabir
Kadar, Kedar
Kadeem
Kadeen, Kadin
Kadeer, Kadir
Kadir
Kafee
Kafeel
Kafi
Kafil
Kahil
Kahill
Kaif
Ka'im
Kaisan
Kaiser
Kajji
Kala
Kalam
Kalan
Kalbi
Kaleem
Kaleema
Kalim
Kalim-ud-Din
Kalimullah
Kaliq
Kamaal
Kamaaluddeen
Kamal
Kamaluddin
Kameel
Kamil
Kamil, Kameel
Kamran
Kanaan
Kanaz
Karam
Karamah
Karamat
Karamullah
Kardal

Kardar
Kareem
Karif, Kareef
Karim, Kareem
Karmani
Karoobi
Karrar
Karukar
Kasam
Kasar
Kaseem, Kasim
Kaseer
Kashan
Kashef
Kashif
Kasib, Kaseeb
Kasim
Kasir
Kateb, Katib
Katheer
Kathe-Khan
Kathir
Kaukab
Kausar
Kawkab
Kawthar

Kayani
Kayid
Kaykaus
Kaysan
Kazi
Kazim
Keyaan
Khaalid
Khabbab
Khabeer
Khabir
Khader
Khadim
Khafid
Khafiz
Khair
Khair al Din
Khair Udeen
Khairat
Khairi
Khairi, Khairy, Khayri
Khairuddin
Khairul Bashar
Khairy
Khairy, Khayri
Khalaf

Khalaf Hasan	Khallaq
Khalam	Kharijah
Khaldoon	Khashi
Khaldun	Khasib
Khaldun, Khaldoon	Khateeb
Khaleed	Khatib
Khaleefa	Khatir
Khaleel	Khawar
Khaleeq	Khawli
Khalfan	Khawwas
Khalid	Khawwat
Khalid Bin Walid	Khayaam
Khalid, Khaled	Khayr
Khalifa	Khayri
Khalifah	Khayrullah
Khalig	Khayyam
Khalil	Khayyat
Khalil al Allah	Khayyir
Khalil, Khaleel, Kal	Khazin
Khalilullah	Khidash
Khalilur	Khidr
Khaliq	Khirash
Khaliqus Subhan	Khizar
Khaliquz Zaman	Khizr
Khalis	Khoury
Khallad	Khubaib

Khubayb

Khuda Bakhsh

Khulaidah

Khulaifah

Khulayd

Khulud

Khulus

Khunays

Khuram

Khuraym

Khuraymah

Khurram

Khursheed

Khurshid

Khush Bakht

Khusham

Khushtar

Khusraw

Khuzaimah,

Khuzaymah

Khuzayma

Khuzaymah

Khwaja

Kibria

Kifah

Kifat

Kifayat

Kinza

Kishwar

Kohinoor

Kudrat

Kulsoom

Kulthum

Kunmayl

Kurayb

Kursheed

Kutaiba

Kuukburi

Labeeb

Labeed

Labib, Labeeb

Labid

Lablab

Laeeq

Lahab

Laham

Lahi'ah

Laiq

Lais

Laith

Lajlaj

Lakshman-Khan

Laman
Lame
Lamee
Lam'I, Lamee
Laqeet
Laraib
Laskhar
Latafat
Lateef
Latif
Layeeq
Layth
Layyin
Layzal
Lazim
Liaqat
Liaquat
Liban
Limazah
Lisan
Lisanuddin
Liyaqah
Liyaqat
Lodhi
Lu'ay
Lubaid, Lubayd

Luqmaan
Luqman
Lut
Lutf
Lutfi
Lutf-ul-Baari
Lutfullah
Lutf-ur-Rahman
Luwai
Maad
Maahi
Maahir
Maaiz
Maajid
Maali
Maalik
Maarij
Ma'awiya
Maaz
Maazin
Mabad
Mabarak
Mabruk
Mad
Ma'dan
Madani

Madhat

Madi

Madih

Madyan

Mahad

Mahasin

Mahaz

Mahbeer

Mahboob

Mahbub

Mahbubullah

Mahd

Mahdi

Mahdy

Maheen

Maher

Mahfooz

Mahfuj

Mahfuz

Mahfuzur Rahman

Mahib

Mahir

Mahja

Mahjub

Mahmood; Mahmoud; Mahmud

Mahrus

Mahud

Mahuroos

Mahzuz

Maimun, Maymun

Maisara

Maisoon

Maisur

Majd

Majd al Din

Majd Udeen

Majdi

Majduddin

Majdy

Majeed

Majid

Majid al Din

Maka-Khan

Makarram-Khan

Makeen

Makhdoom

Makin

Makki

Makram

Maleek

Malih

Maluf
Ma'mar
Mamdooh
Mamdouh, Mamduh
Mamnoon
Mamoon
Mamoor
Mamun
Ma'n
Manaf
Manal
Mandhur
Mangal
Manhal
Mani
Mannan
Manoshan
Mansha
Manshoor
Mansoor
Mansooruddin
Mansour
Mansur
Mansur-Khan
Manus
Manzar
Manzoor
Maqadar
Maqbool
Maqbul
Maqeem
Maqil
Maqsood
Maqsud
Maram
Maraqab
Marghoob
Marghub
Marid
Markooz
Maroof
Marsad
Maru'deen.
Maruf
Marufirah
Marwaan
Marwan
Marzooq
Marzouq
Marzuq
Masarrat
Maseeh

Maseehuzzaman

Mashal

Masheer

Mashhood

Mashhud

Mashhur

Mashkoor

Mashkur

Masir

Maslama

Masood

Masoud

Masroor

Masruq

Masrur

Mastoor

Masud

Masum

Masun

Mateen

Matin

Matloob

Maudad

Mausoof

Mawahib

Mawdood

Mawdud

Mawhoob

Mawla

Mawsil

Maymun

Maysarah

Mazeed

Mazhar

Mazhar-ud-Din

Mazharul

Mazharul Haq

Mazid

Mazin

Mazkoor

Mazur

Mehboob

Meherdad

Mehmood

Mehmud

Mehtab

Mehul

Mekka

Mensur

Merdasan

Meryam

Mibsam, Mebsam

Midlaj
Miftah
Mifzal
Mihran
Mihyar
Mika
Mikaeel
Mikail
Mikayeel
Mikhail
Mimar
Mimrah
Minhaj
Minhajuddin
Minnat
Minnatullah
Miqdaad
Miqdaam
Miqdad
Miqdam
Mir
Mir Jahaan
Miraj
Miran
Mirsab
Mirza

Misal
Misam
Misaq
Misbaah
Misbah
Misbahuddin
Misfar
Mishaal, Mishal
Mishaari
Miskeen
Mistah
Miyaz
Mizan
Mizanur Rahman
Moazzam
Mobeen
Moeen
Moeen ud din
Moeez
Moemen
Moez
Mohammad
Mohammed
Mohd. Khaleel
Mohd.Ibraham
Mohid

Mohsin	Muawiyah
Moidul	Muawwaz
Moin	Muawwiz
Moin-Khan	Muayid
Mokbul	Muayyad
Momin	Muaz
Moosa	Muazzam
Moosha	Mubajjal
Mostafa	Muballigh
Motabir	Mubarak
Mo'tasim	Mubaraq
Motaz	Mubashar
Mounir	Mubashir
Mourad	Mubashshir
Muaaid	Mubassir
Muaath	Mubayyin
Muaawiya	Mubeen
Muad	Mubid
Muadh	Mubin
Mu'afa	Mubtasim
Mu'alla	Mudabbir
Mu'allim	Mudar
Muammar	Mudasir
Muammer	Mudasser
Mu'attib	Muddassir
Muawin	Muddaththir

Muddsar
Mudhakkir
Mudrik
Mueen
Mueez
Mufaad
Mufaddal
Mufakhar
Mufakkir
Mufallah
Mufarrij
Mufazzal
Mufid, Mufeed
Mufiz
Muflih
Mufti
Mughis
Mughith
Mughni
Muhaajir
Muhab
Muhaddas
Muhafiz
Muhafiz-ud-Din
Muhaimin
Muhair, Muhayr

Muhajir
Muhammad, Mohammed
Muhammed Bachal
Muhammed Bux
Muhanna
Muhannad, Muhanned
Muharrem
Muharrim
Muhazzab
Muhdee
Muheet
Muhib
Muhibb
Muhibuddin
Muhibullah
Muhit
Muhiyuddin
Muhriz
Muhsin
Muhsin
Muhtadi
Muhtady
Muhtashim
Muhyddeen
Muhyi

Muhyi al Din
Muid
Muin
Mu'in/Mu'een
Muinuddawlah
Mu'inuddeen
Muinuddin
Muinul Islam
Muiz
Muizz
Muizzuddawlah
Muizzuddin
Mujaahid
Mujab
Mujaddid
Mujahid
Mujammil
Mujazzir
Mujazziz
Mujeeb
Mujib
Mujibur
Mujir
Mujtaba
Mujtahid
Mukafih

Mukammil
Mukarram
Mukhallad
Mukhlis
Mukhtaar
Mukhtar
Mukhtarul Haq
Muktafi
Mukthadir
Mulayl
Mulham
Mulhim
Mulk
Mulla
Mumin, Moomin
Mummar
Mumtaz
Munadi
Munadil
Munaf
Munahid
Munaim
Munasir
Munawwar
Mundhir
Muneeb

Muneef
Munib
Munif
Munim
Munir, Muneer
Muniruzzaman
Munis
Munjid
Munkadir
Munna
Munqad
Munqiz
Munsif
Muntaha
Muntahakhan
Muntaqim
Muntasir
Muntazar
Muntazir
Munthir
Munzir
Muqaddas
Muqaffa
Muqarrab
Muqatadir
Muqbil
Muqeet
Muqla
Muqsit
Muqtadi
Muqtadir
Muqtafi
Muqtasid
Murabbi
Murad
Murarah
Mursal
Murshid
Murtaad
Murtada, Murtadi,
Murtadhy
Murtadaa
Murtadi, Murtadhy
Murtaza
Musa, Moosa
Musaaid
Mus'ab
Musad
Musaddiq
Musaid
Musawwir
Museeb

Musharraf
Musharrif
Musheer
Mushfiq
Mushir
Mushir-ul-Haq
Mushtaaq
Mushtaq
Musir
Musleh
Muslih
Muslihuddin
Muslim
Mussarrat
Mustaba
Mustaeen
Mustafa Kamal
Mustafa, Mustaffa
Mustafavi
Mustafeed
Mustafiz
Mustahfiz
Mustahsan
Mustajab
Mustakfi
Mustakim

Mustali
Mustamsik
Mustaneer
Mustanjid
Mustansir
Mustaq
Mustaqeem
Mustaqim
Mustarshid
Mustasim
Mustatab
Mustazhir
Mustazi
Muta
Muta Ali
Mutaa
Mutad
Mutahhar
Mutahhir
Mutakabbir
Mutali
Mutamad
Mutamakan
Mutamid
Mutamin
Mutammam

Mutammim
Mutaqid
Mutashim
Mutasim
Mutawakkil
Mutawalli
Mutawassit
Mutaygab
Mutayyib
Mu'taz
Mutazid
Mutazz
Mutee
Muthanna
Muti
Mutiul Islam
Mutiur Rahman
Mutlaq
Muttalib
Muttaqi
Muttee
Muwafaq
Muwaffiq
Muyassar
Muzaffar
Muzaffaruddin

Muzahir
Muzahiruddin
Muzakkir
Muzammil
Muzammil
Muzhir
Muzzammi
Muzzammil
Naabih
Naadir
Naaif
Naa'il
Naaji
Naajy
Naase
Naasif
Naasih
Naasiruddeen
Naathim
Naazil
Naazim
Nabeeh
Nabeel
Nabhan, Nabih
Nabi Bakhsh
Nabi Bux

Nabi	Nafi
Nabibukhsh	Nafis
Nabigh	Nahi
Nabigha	Nahid
Nabighah	Naib
Nabih	Naif
Nabil, Nabeel	Naif Na'il
Nabiullah	Naim
Nadeem	Najaf
Nadheer	Najah
Nadhir	Najair
Nadiha	Najam
Nadim	Najat
Nadim, Nadeem	Naje
Nadir	Najeeb
Nadira	Najeed
Nadqid	Najeeh
Nadr	Najeem
Naeb	Najeh
Naeem	Naji
Naeemullah	Najib, Najeeb
Naef	Najib-ud-Din
Nafasat	Najibullah
Nafe	Najid
Nafee	Najih
Nafees	Najillah

Najiullah
Najiyy
Najjar
Najji
Najm
Najm al Din
Najm Udeen
Najmuddawlah
Najmuddin
Nakir
Naman
Namdar
Nameer
Namik
Namir
Namood
Naqeeb
Naqi
Naqib
Naqid
Naqit
Naqiy
Naqqaash
Naseef
Naseem
Naseer
Naseeruddin
Naseh
Nashah, Nashat
Nashat
Nasheet
Nashi
Nashir
Nashit
Nashwan
Nasib
Nasif
Nasih
Nasihuddin
Nasim
Nasimuddin
Nasim-ul-Haq
Nasir
Nasir al Din
Nasir; Naseer
Nasirah
Nasiruddin
Nasmi
Nasr
Nasr, Nasser
Nasrallah
Nasri

Nasruddin

Nasrullah

Nassaar

Nasser

Nasser Udeen

Nasuh

Natheer

Natiq

Nauman

Naushad

Naveed

Navid; Naved

Navroz

Nawaar

Nawab

Nawaf, Nawwaf

Nawal

Nawaz

Naweed

Nawf

Nawfal

Nawshad

Nawwaf

Nayab

Nayif, Naif

Nayyar

Nazakat

Nazan

Nazar

Nazeef

Nazeeh

Nazeer

Nazif

Nazih

Nazih, Nazeeh

Nazim, Nazeem

Nazimuddin

Nazir

Nazmi

Nazzeer

Neeshaan

Nehan

Niaz

Niazi

Nibras

Nidal

Nihal

Nijad

Nilabh

Nimat

Nimatullah

Nimr

Nisar

Nishaaj

Nishat

Nithar

Niyaz

Nizaam

Nizaar

Nizal

Nizam

Nizamat

Nizami

Nizamuddin

Nizam-ul-Mulk

Nizar

Nizzar

Nokhez

Noman

Nooh

Noor

Noor Muhammad

Noor Udeen

Noorali

Noori

Nooruddin

Noorul Absar

Noorul Ayn

Noorul Haq

Noorul Huda

Noorullah

Nooruz Zaman

Nooruzzaman

Noraiz

Nosherwan

Nour

Noureddine

Nuaim, Nuaym

Nuaym

Nuayum

Nubaid

Nuh, Nooh

Nuhaid, Nuhayd

Nujaym

Nu'maan

Numair

Numan

Nur

Nur al Din

Nur Firdaus

Nurani

Nuraz

Nurdeen

Nuri, Noori

Nur-ul-Qiblatayn

Nusayb

Nusayr

Nusrah, Nusrat

Nusrat

Nusratuddin

Nuzayh

Obaid

Omair

Omar

Omeir

Omran

Osama

Osman

Ossama

Ossamah

Othman

Owais

Pamir

Parsa

Parvaiz

Parvez

Parwez

Pasha

Pervaiz

Pir

Pirzada

Purdil

Qaadir

Qaaid

Qaasim

Qabeel

Qabid

Qabil, Qabeel, Qaabeel

Qabir

Qabiz

Qabool

Qabus

Qadar

Qaddur/Qaddoor

Qadeer

Qadi

Qadim

Qadir

Qahhar

Qahir

Qahtan

Qaid

Qaim

Qais

Qaiser

Qalandar

Qamar
Qamaruddin
Qanbar
Qane
Qani/Qanee
Qanit
Qaraja
Qareeb
Qarib
Qarin
Qaseem
Qasid
Qasidul Haq
Qasif
Qasim
Qasit/Qaasit
Qaswarah
Qatada
Qatadah
Qatawah
Qati'i
Qawee
Qawi
Qays, Qais
Qayyam
Qayyim

Qayyum
Qazafi
Qazi
Qidam
Qismat
Qiwam
Qiwamuddin
Quadir
Quasim
Qudamah
Quddoos
Quddus
Qudoos
Qudrat
Qudratullah
Quds
Qudsi
Qudus
Qudwa
Quraish
Qurban
Qureshi
Qurratulayn
Qusay
Qusta
Qutaiba

Qutaybah, Qutaibah
Qutb
Qutbah
Qutbuddin
Qutub
Qutuz
Raadi
Raafe
Raafi
Raahil
Raaid
Raaji
Raakaan
Raakin
Raamis
Raamiz
Raashid
Raatib
Raazi
Rab
Rabah
Rabar
Rabb
Rabbani
Rabee
Rabees
Rabi
Rabia
Rabiah
Rabih
Rabit
Radi/Radhi
Ra'ed
Raeef
Raees
Raem
Rafan
Rafaqat
Rafay
Rafe
Rafee
Rafeed
Rafeek
Rafeeq
Rafi
Rafid
Rafif
Rafik
Rafik-Khan
Rafiq
Rafiqul Islam
Rafi-ud-Din

Ragheb
Ragheed
Raghib, Ragheb
Raghid
Raham
Rahat
Rahbar
Raheel
Raheem; Rahim
Raheesh
Rahib
Rahil
Rahim
Rahman
Rahmat
Rahmatullah
Rai
Ra'id, Raed, Raa'id
Raif
Raihaan
Raihan
Raiq
Rais
Raisuddin
Raiyan
Raja

Raja Al-Karim
Rajaa
Rajab
Rajah
Rajeel
Rajeh
Raji, Raajee
Rajih
Rajwan
Rakeem
Rakhshan
Rakin
Ramadan/Ramadhaan
Ramalaan
Rameez
Rami
Ramih
Ramin
Ramiz
Ramiz-ud-Din
Ramzi
Rana
Rani
Rao
Raonar
Raoushan

Raqib

Raqim

Raquib

Raseem

Rasesh

Rashaad

Rashad

Rashdan

Rasheed, Rashid

Rasheed-ud-Din

Rasheeq

Rashid

Rashiduddin

Rashiq

Rasikh

Rasil

Rasim

Rasin

Raslan

Rasmi

Rasool

Rasool Bux

Rasul

Rasul aidil

Rasul aidil

Rasul

Ratib

Ratiq

Rauf

Raunak

Ravoof

Rawaha

Rawahah

Rawdah

Rawh

Rawman

Rawza

Rayan

Rayees

Rayhaan

Rayhan

Rayn

Rayyaan

Rayyan

Raza

Razak

Razam

Razeen

Razi

Razin

Raziq

Razi-Ur-Rahman

Razzaq
Reda, Rida, Ridha
Reem
Reemaz
Rehaan
Rehaman; Rehman;
Rahaman; Rahman
Rehan
Rehma
Rehman
Rehmat
Rehmat-ullah
Rehyaaz
Reza
Rezaul
Rezaul Karim
Riaz
Rib'i
Ribi'i
Rida
Ridha
Ridhwan
Ridwaan
Ridwan
Rifaah
Rifah
Rifat
Rihab
Risay
Rishan
Riyaal
Riyad, Riyadh
Riyasat
Riyaz
Riyazul Islam
Riyyan
Riza
Rizawan
Rizq
Rizq Allah
Rizvi
Rizwaan
Rizwan
Robeel
Rohail
Romail
Ronaq
Rooh
Roohul Amin
Roohullah
Roshan
Rowel

Ruhab	Saadiq
Ruhani	Saaduddin
Ruhi	Saadullah
Ruhul Haq	Saafi
Ruhul Qudus	Saafir
Rukanah	Saahir
Rukhailah	Saaiq
Rukham	Saajid
Rukn	Saal
Ruknud Din	Saalih
Rushan	Saalim
Rushd	Saami
Rushdi	Saamir
Rushil	Saaqib
Rustam	Saariyah
Ruwaid, Ruwayd	Sab
Ruwayfe	Sabaah
Ruwayfi	Sabah
Ruwwad	Sabahat
Sabih, Sabeeh	Sabaque
Saabiq	Sabat
Saabir	Sabbir
Saad	Sabeeh
Saadah	Sabeer
Saadat	Sabih, Sabeeh
Saadi	Sabil

Sabiq	Sadruddin
Sabir, Sabeer	Saduh
Sabit	Saeeb
Saboor	Saeed, Said
Sabri	Saeeduz Zaman
Sabuh	Saeel
Sabur	Safa
Saburah	Safar
Sad	Safdar
Sad al Din	Safeenah
Sadaat	Safeer
Sadad	Saffah
Sadan	Saffar
Sadaqat	Safi
Sadeed	Safir
Sadeem	Safiuddin
Sadeeq	Safiullah
Sadi	Safiy
Sadid	Safiy al Din
Sadik	Safiy-Allah
Sadiq	Safiyy
Sadir	Safiyyullah
Sadit	Safuh
Sadoon	Saful Islam
Sadooq	Safulmulk
Sadr	Safwaan

Safwah, Safwat
Safwan
Safwat
Sagar
Sagheer
Saghir
Saghir Ali
Sahab
Sahar
Saheim
Sahel
Sahib
Sahil
Sahir
Sahl
Sahm
Sahmir
Saib
Said, Sayyid
Saidah
Saif
Saif al Din
Saif, Sayf, Seif
Saifan
Saifuddin
Saiful Azman

Saiful Baari
Saiful Islam
Saifullah
Saim
Sair
Sa'irah
Saiyid
Saja
Sajal
Saji
Sajid
Sajidur Rahman
Sajjad
Sakeen
Sakha
Sakhan
Sakhawat
Sakher
Sakhi
Sakhir
Sakhr
Sakhrah
Saklain
Sakoot
Salaah
Salaahddinn

Salaam
Salabah
Salabat
Salah
Salah al Din
Salah Udeen
Salah
Salahuddin
Salah-ud-Din
Salam
Salama
Salamah
Salamat
Salamatullah
Salar
Salarjung
Saleel
Saleem
Saleemullah
Saleemuz Zaman
Saleet
Saleh, Salih
Salem
Salif
Salih
Salik

Salil
Salim, Saleem
Salit
Salmaan
Salman
Salsaal
Salsal
Salt
Sama
Samad
Samah
Samama
Saman
Samar
Samee
Sameed
Sameeh
Sameer, Samir
Sameeullah
Sameh
Sami
Samih
Samil
Samim
Samin
Samiq

Samir, Sameer
Samit
Samiy
Sammak
Samman
Samsaam
Samsam
Samurah
Sana
Sanad
Sanaubar
Sanaul
Sanaullah
Sanawbar
Sanie
Saniyy
Sa'ood
Saqaf
Saqeel
Saqer
Saqib
Saqif
Saqlain
Saqr
Saquib
Sarab

Sarae
Sarafat
Saramat
Sarar
Sardar
Sarfaraz
Sarfraz
Sarim
Sariyah
Sarkar
Sarmad
Sarosh
Sartaj
Sarwar
Sarwat
Sati
Satih
Sattar
Sauban
Saud
Saulat
Sawa
Sawad
Sawlat
Sawwaf
Sayeed

Sayeshan
Sayf
Sayf Udeen
Sayfiyy
Sayfullah
Sayhan
Sayid
Sayooj
Sayuj
Sayyar
Sayyid
Seema
Seif
Seif al Din
Seif, Sayf
Shaady
Shaaf
Shaafi
Shaaheen
Shaahir
Shaamikh
Shaamil
Shaar
Shaariq
Shabaan
Shabab

Shaban
Shabar
Shabaz
Shabb
Shabbar
Shabbeer
Shabbir
Shabeeh
Shabeer-Ali
Shabi
Shabib
Shabir
Shad
Shadab
Shadaf
Shadah
Shadan
Shaddaad
Shadeed
Shadhin
Shadi
Shadin
Shadman-Khan
Shafaat
Shafay
Shafee

Shafeeq
Shafi
Shafin
Shafiq, Shafeeq
Shafiulla
Shafqat
Shagufta
Shaguftah
Shah
Shah Alam
Shah Jahan
Shah Nawaz
Shah Nawaz;
Shahnawaz
Shahab
Shahadat
Shahalad
Shahan
Shahan Shah
Shaharyar
Shahbaz
Shaheed
Shaheem
Shaheen
Shaheer
Shaheryar

Shahid
Shahin
Shahiq
Shahir
Shahjahan
Shahnaaz
Shahnawaz
Shahnawaz
Shahrukh
Shahrul
Shahwar
Shahzad
Shahzada
Shahzaib
Shahzor
Shahzore
Shaibaan
Shaida
Shaik
Shaikh
Shaikhul Islam
Shailen
Shaiq
Shairyaar
Shaista
Shaizad

Shajan
Shajee
Shaji
Shakaib
Shakeel
Shakeyb
Shakib
Shakil
Shakir
Shakoor
Shakorun
Shakur
Shalabh
Shalik
Shalin
Shalina
Shaline
Shallal
Shamal
Shamas
Shameel
Shameem
Shamel
Shamikh
Shamil
Shamim

Shamiq
Shammakh
Shammas
Shammyn
Shamoil
Shams
Shams al Din
Shamshad
Shamsheer
Shamsideen
Shams-ud-Din
Shamsuddin-Khan
Shamsudduha
Shamsul
Shams-Ul-Haq
Shamsuzzaman
Shamuel
Shan
Shanawar
Shaoor
Shaqeeq
Shaquita
Sharaf
Sharafat
Sharafuddin
Sharafyab

Sharaheel
Shardul
Shareef
Shareeh
Shareek
Shareeq
Shariat
Shariatullah
Sharif, Shareef
Sharifuddin
Sharifudin
Sharim
Shariq
Sharique
Sharjeel
Shatir
Shaukat
Shawaiz
Shawal
Shawkat
Shawqi
Shayaan
Shayal
Shayan
Shaybah
Shayda

Shaz
Shazad
Shazeb
Shaziya
Shees
Shehran
Shehroze
Shehryaar
Shehryar
Shehyar
Shehzaad
Sher
Sherafgan
Sheraz
Sheryar
Shibil
Shibl
Shibli
Shifa
Shifwat
Shihaab
Shihab
Shihab al Din
Shihab
Shihabuddin
Shihad

Shiham
Shimah
Shiqdar
Shiraz
Shoaib
Shriranjan
Shua
Shu'aa
Shuaib, Shuayb
Shubool
Shufwat
Shuhrat
Shuja
Shujaa
Shujaat
Shujauddin
Shukr
Shukrallah
Shukri
Shumail
Shumayl
Shuneal
Shuqran
Shurahbeel
Shuraih
Shurayh
Shuraym
Siddeeqi
Siddiq
Siddique
Siddiqui
Siddiqullah
Sidqi
Sifarish-KhanSofian
Sifet
Siham
Sikandar
Silah
Silahuddin
Silan
Silm
Silmi
Simak
Sinan
Sinanuddin
Siraaj
Siraj
Siraj al Din
Sirajud Dawlah
Sirajuddeen
Sirajuddin
Siwar

Slaeet	Sufyaan
Sofian	Sufyan
Sohaib	Suhaan
Sohail	Suhaem
Soham	Suhaib, Suhayb
Sohel; Sohail	Suhail, Suhayl
Sohil	Suhaili
Sohrab	Suhaim, Suhaym
Sohum	Suhayb
Somood	Suhayl
Sonia	Suhayr
Souban	Suheb
Souffian	Suhrab
Su`ud	Sulaimaan
Sual	Sulaiman
Subah	Sulaiman, Sulayman
Subahuddin	Sulayk
Subaih	Sulayman
Subayah	Sulayt
Subbooh	Suleman
Subhan	Sultaan
Subhi	Sultan
Subhy	Sumamah
Suboor	Sumayya
Sufi	Sumrah
Sufian	Suoud

Suraqah
Surayj
Suroor
Surraq
Surur
Suud, Suoud
Suwailim
Suwaybit
Suwayd
Swab
Sydeek
Syed
Taafeef
Taaha
Taahid
Taahir
Taai
Taajuddeen
Taalib
Taalim
Taamir
Taanish
Taban
Tabarik
Tabassum
Tabbar

Tabeed
Tabish
Tabnak
Tabrez
Tafazzul
Tafazzul Husain
Tafheem
Taha
Tahawwur
Tahfeez
Tahib
Tahir
Tahleem
Tahmeed
Tahmid
Tahoor
Tahseen
Tahsin
Taib
Taif
Taifur Rahman
Taim Allah, Taym Allah
Taimoor
Taimoor-khan
Taimullah

Taimur
Taiseer
Taisir
Taj
Taj al Din
Taj Bakhsh
Tajammal
Tajammul
Tajammul Husain
Tajdar
Tajim
Tajmmul
Tajuddin
Tajul Islam
Tajwar
Talaal
Talab
Talal
Talat
Talha
Talhah
Tali
Talib
Talim
Talish
Taloob

Taloot
Talum
Talût
Tamam
Tamanna
Tameem
Tameez
Tamim
Tamir
Tamiz
Tamiz-ud-Din
Tamjid
Tamkanat
Tamkeen
Tammaam
Tammam
Tamton
Tamwar
Tanim
Tanveer
Tanvir
Tanweel
Tanweer
Tanwir
Tanzeem
Tanzil

Tanzilur Rahman
Taqaddam
Taqdees
Taqi
Taqiuddin
Taqiy
Taqiyy
Tarannum
Taraz
Tareef
Tareeq
Tarfah
Tarif, Tareef
Tariq
Tariq
Tarique
Tarub
Tasadduq
Tasadduq Husain
Tasawwar
Taseel
Taseen
Taseer
Tashbeed
Tasin
Taskeen

Taslim
Tasmeem
Tasneem
Tassadaq
Tatheer
Taufiq
Tauqeer
Tawbah
Tawfeeq
Tawfiq
Tawheed
Tawhid
Tawoos
Tawqir
Tawseef
Tawwab
Taym
Taymullah
Taymur
Tayseer
Taysir
Tayyeb
Tayyib
Tazam
Tazeem
Tazim

Tazimuddin	Toqeer
Tazneem	Tufail
Tehseen	Tufayl
Thaabit	Tuhin
Thaamir	Tuhinsurra
Thaaqib	Tulayb
Thabit	Tunveer
Tha'labah	Turab
Thalah	Turhan
Thaman	Turki
Thamar	Ubaadah
Thamer, Thamir	Ubada
Thaqaf	Ubadah, Ubaida, Ubay
Thaqib	Ubaid
Tharwan	Ubaida
Tharwat	Ubaidah, Ubaydah
Thauban	Ubaidullah
Thawab	Ubay
Thawban	Ubayd
Thayer	Ubaydullah
Thumamah	Ubayy
Tihami	Ubayyi
Tiraq	Udail, Udayl
Tirmizi	Uday
Tobias	Uddin
Tooba	Uhban

Ukkasha
Ukkashah
Ula
Ulfat
Ulwan
Umaarah
Umar, Omar
Umarah
Umayr, Umair
Umayyah
Umdah
Umdatuddawlah
Umer
Umran
Unais
Unal
Unays
Uns
Unsar
Uqaab
Uqba
Uqbah
Urfee
Urmia
Urooj
Urwa

Urwah
Usaama
Usaamah
Usaid
Usaim, Usaym
Usama, Usamah
Usayd
Usman
Utbah
Uthal
Uthmaan
Uthman
Uwais
Uwayam
Uwaym
Uways
Uzair
Uzayr
Waahid
Waail
Waali
Waatiq
Wabisah
Wada
Waddaah
Waddah

Wadee
Wadeed
Wadi
Wadid
Wadood
Wadud
Wafa
Wafadar
Wafai
Wafaqat
Wafeeq
Wafi
Wafiq, Wafeeq
Wahab
Wahb
Wahban
Wahdat
Waheed
Wahhab
Wahhaj
Wahi
Wahib
Wahid
Wahiduddin
Wahiduzzaman
Wail

Wais
Waiz
Wajahat
Wajd
Wajdaan
Wajdan
Wajdi
Wajeeb
Wajeeh
Wajid
Wajih, Wajeeh
Wakalat
Wakee
Wakeel
Wakil
Waleed, Walid
Wali
Walid, Waleed
Walif
Wali-ud-din
Waliullah
Waliy al Din
Waliy Allah
Waliyudeen
Waliyullah
Wallad

Walleed
Walliyullah
Wamaq
Waqaar
Waqar
Waqar
Waqas
Waqf
Waqid
Waqif
Waqiyy
Waqqad
Waqqas
Waraqah
Ward
Warid
Warif
Waris
Warith
Warqa
Wasay
Waseef
Waseem
Waseeq
Wasi
Wasidali
Wasif
Wasil
Wasilah
Wasim, Waseem
Wasimuddin
Wasiq
Watheq
Wathiq
Wazir
Wilan
Wilayat
Wildan
Wisaam
Wisam
Womiq
Wuhayb
Xander
Yaaemeen
Yaamin
Yaaseen
Yaasir
Yaasoob
Yaeesh
Yafi
Yaghnam
Yahya

Yahyaa
Yakta
Yakub-Khan
Ya'la
Yamak
Yaman
Yameen
Yamin
Yaqana
Yaqeen
Yaqoob
Yaqoot
Yaqub
Yaqzan
Yar
Yar Muhammad
Yasaar
Yasar, Yasser
Yaseen
Yasha
Yasin, Yaseen
Yasir
Yasra
Yasrib
Yasruddin
Yathrib

Yawar
Yazan
Yazeed
Yazid, Yazeed
Yoonus
Yoosuf
Yosoph
Younes
Younis
Youssef, Yusef, Yusu
Yuhannis
Yuhans
Yumn
Yunis
Yunus, Yoonus
Yushua
Yusr
Yusri
Yusuf
Zaabit
Zaad
Zaafir
Zaahid
Zaahir
Zaaid
Zaakir

Zaamil

Zaarib

Zabba

Zabrij

Zackariya

Zaeem

Zafar

Zafeer

Zafir

Zafrul

Zagheem

Zaghlool

Zaheer

Zaheeruddawlah

Zaheeruddin

Zahhaak

Zahi

Zahid

Zahil

Zahin

Zahir

Zahoor

Zaib

Zaid, Zayd

Zaidaan

Zaigham

Zaim

Zaimuddin

Zain, Zayn

Zainuddeen

Zainuddin

Zainul Abidin

Zair

Zajil

Zaka

Zakar

Zakaria

Zakariya

Zakariyya

Zakawan

Zakawat

Zakee

Zakhif

Zaki, Zaky

Zakir

Zakiuddin

Zakiy

Zakoor

Zakwan

Zalool

Zamaam

Zamaar

Zaman	Zayb
Zaman Shah	Zayd
Zameel	Zaydan
Zameer	Zayer
Zami	Zaygham
Zamil	Zayid
Zamin	Zayn
Zamir	Zaytoon
Zamiruddin	Zayyaan
Zamurad	Zayyan
Zamurah	Zeb
Zamzam	Zebadiyah
Zany al-Abidn	Zeebaq
Zarar	Zeenan-Khan
Zaray	Zeeshan
Zareef	Zeeya
Zarf	Zeyad
Zarif	Zhobin
Zaroon	Zia
Zarrar	Ziad, Ziyad
Zashil	Ziaud
Zauq	Ziauddin
Zawaad	Ziaul-Haq
Zawar	Ziaur Rahman
Zayaam	Zihni
Zayan	Zikr

Zill
Zillullah
Zillur Rahman
Zimar
Zirgham
Zirwah
Ziryab
Zishan
Ziyaad
Ziyad
Ziyada
Ziyadatullah
Zohaib
Zohair
Zoheb
Zohoor
Zohoorul Bari
Zoraiz
Zoran
Zosar
Zubaid
Zubair, Zubayr
Zuehb
Zufar
Zuha
Zuhaib

Zuhair, Zuhayr
Zuhoor
Zuka
Zukauddin
Zukaullah
Zukaur Rahman
Zukhruf
Zukr
Zul
Zul Kifl
Zul Qarnayn
Zulaym
Zulfaqar
Zulfat
Zulfi
Zulfikkur
Zulfiqar
Zulkifl
Zulqarnain
Zunnoon
Zuraara
Zushimalain
Zuti

Names
for Girls

Aabidah
Aabirah
Aabish
Aadab
Aadila
Aaeedah
Aaeesha
Aafia
Aafiya
Aafreeda
Aafreen
Aaida
Aa'idah
Aaila
Aairah
Aaisha
Aakifah
Aala
Aaleyah
Aalia
Aalimah
Aaliya
Aaliyah
Aamaal
Aamal
Aamanee
Aamilah
Aamina
Aaminah
Aamira
Aamirah
Aani Fatimah
Aani Fatimah Khatoon
Aania
Aanisa
Aanisah
Aaqilah
Aara
Aarifa
Aarifah
Aasia
Aasima
Aasimah
Aasira
Aasiya

Aasiyah
Aasmaa
Aatifa
Aatika
Aatikah
Aatiqah
Aatirah
Aayaat
Aazeen
Abal
Abasah
Abbasa
Abda
Abdah
Abdia
Abdul Basit
Abeedah
Abeela
Abeer
Abeera
Abeerah
Abia
Abidah, Abida
Abir, Abeer
Ablaa; Ablah, Abla
Abqurah

Abra
Abrar
Abreshmina
Ada
Adab, Aadab
Adala
Adara
Adawiyah
Adeeba
Adeela
Adeelah
Adeena
Adeeva
Adhraaa
Adiba
Ad'ifaah
Adilah, Adila, Adeela
Adiva
Adla
Adn
Afaaf
Afaf
Afeefa
Afeerah
Afia
Afifa

Afifah	Ahdia
Afiyah	Ahlaam
Afizah	Ahlam
Afkar	Aidah, Aida
Afnaan	Aighar
Afnan	Aila
Afra, Afraa	Aimal
Afraah	Aimen
Afrah	Ain
Afreen	Ain alsaba
Afrin	Aini
Afroz	Aisha
Afroza	A'ishah
Afroze	Aishah, Aisha, Ayishah
Afsa	Aiya
Afsana	Aiyla
Afsar	Aiza
Afsar Ara	Aizah
Afshan	Ajeebah
Afsheen	Ajlal
Afya	Ajrada
Afza	Ajradah
Agharid	Ajwa
Aghsan	Akhtar
Ahd	Akia
Ahdaf	Akida

Akifa
Akifah
Akilah
Akleema
Aklima
Akshiti
Al Batra'a
Al Zahra
Ala', Aalaa
Al-Adur al-Karimah
Al-Adur al-Karimah
Alaia
Alam
Alam Ara
Alayna
Aleefa
Aleema
Aleemah
Aleena
Aleeza
Alesha
Alhan
Alhena
Alia
Aliah
Alifa

Alihat
Alika
Alima
Alimah
Alina
Alisha
Alishaba
Alishay
Alishba
Aliya
Aliyah, Aliyyah, Alia, Alia
Aliza
Allanna
Alleyah
Alma
Almaas
Almaasa
Almas
Alraaz
Altaf
Altthea
Aludra
Alvina
Alya
Alyaa

Alyan
Alzubra
Ama
Amaal
Amaani
Amah
Amal, Amal, Aamal,
Amala
Amala
Amalia
Aman
Amana
Amanat
Amanee
Amani
Amany
Amara
Amatul Karim
Amatullah
Amaya
Ambara
Ambareen
Ambarin
Amber
Ambereen
Ambreen

Ambrim
Ameena
Ameenah
Ameera
Ameerah
Amel
Amelia
Amena
Amenah
Amila
Amilah
Amima
Amina
Aminah, Amineh,
Ameena
Amira
Amirah, Ameera
Amjad
Ammara
Ammarah
Amna
Amniyya
Amra
Amrah
Amreen
Amrozia

Amsah
Amtullah
Ana
Anadil
Anah
Anal
Anam
Anan, Anaan
Anat
Anaum
Anbar
Anbara
Anbarin
And
Andalah
Andaleeb
Andalib
Andlib
Aneeba
Aneeqa
Anees
Aneesa
Aneesah
Angbin
Anida
Anika
Anila
Aniqa
Anisah, Aneesa
Anisha
Aniya
Anja
Anjum
Anjuman
Anjuman Ara
Anmar
Anna
Annam
Anniyah
Annum
Anousha
Anqa
Ansam
Anum
Anwar, Anwaar
Anwara
Anwarah
Anya
Aoj
Aqdas
Aqeela
Aqeelah

Aqiba	Arouge
Aqila	Aroush
Aqilah	Arsala
Aqsa	Arshia
Ara	Arshiya
Aram	Arub, Aroob
Areeba	Arus
Areebah	Arva
Areefa	Arwa
Areej	Aryisha
Aresha	Arzo
Arfa	Arzoo
Ariana	Arzu
Aribah	Asah
Arifa	Asalah
Arifah	Asar
Arij, Areej	Asarat
Arisha	Asbah
Arissa	Aseela
Ariyya	Aseelah
Arjumand	Asfa
Arjumnd Bano	Asfaq
Armin	Asfia
Aroob	Asfiya
Arooj	Asgari
Aroosa	Asghia

A'shadieeyah
Ashalina
Ashbah
Ashbala
Asheeyana
Ashfina
Ashika
Ashmiza
Ashraf
Ashraf Jahan
Ashwaq
Asia
Asifa
Asil
Asila
Asilah
Asili
Asimah, Asima
Asiya, Asiyah
Asjad
Asli
Asma, Asma, Asmaa
Asmahan
Asmara
Asmat
Asna

Asra
Asrar
Asriyah
Ateefa
Ateeqa
Ateeqah
Ateeyah
Atheer
Athilah
Athir
Athmah
Atia
Atif
Atifah, Atifa
Atifat
Atikah, Atika
Atiqa
Atiqah
Atira
Atiyah, Atiya
Atiyya
Attia
Atuf
Atyaf
Aushah
Awa

Awaatif

Awatif

Awda

Aya

Ayaana

Ayaat

Ayah, Ayeh

Ayan

Ayana

Ayat

Ayeh

Ayesha

Aymen

Ayn

Aynul Hayat

Aynun Nahr

Ayra

Aysha

Ayshah

Azaa

Azadeh

Azah

Azam

Azeema

Azeemah

Azeeza

Azhar, Azhaar

Azima

Aziman

Aziz

Azizah, Aziza, Azeeza

Azka

Azma

Azmina

Azra

Azraa

Azwa

Azzah, Azza

Az-zahra

Basimah, Baseema

Baasima

Badai

Badeea

Badiah, Badia

Badiha

Badiyah

Badr

Badra

Badriyah, Badriyyah,

Badriya

Badriyya

Badrun Nisa

Badyah

Baha

Bahaa

Bahar

Bahar Bano

Baheeja

Baheera

Bahia

Bahij

Bahija

Bahijah

Bahirah, Bahira,
Baheera

Bahiyah, Bahiya,
Bahiyaa

Bahiyyah

Bahja

Bahra'

Bahraa

Bahriyah al-Aabidah

Baiza

Bajeela

Bajila

Bakarah

Bakhita

Bakht

Bakhtawar

Bakura

Baleegha

Baligha

Balqees

Balqis

Balsam

Ban

Banafsaj

Banafsha

Banan

Bano

Banu

Banujah

Baqilah

Baraa'a

Baraah

Baraim

Barakah, Baraka

Barat

Bareea

Bareerah

Baria

Bariah

Bari'ah, Baraa'a

Barika

Barirah
Barja'
Barjaa
Barkat
Barkha
Barrah
Barraqa
Barsa
Barzah
Basaaria
Basbas
Basbasah
Baseema
Baseera
Basemah
Bashair
Basharat
Bashasha
Basheera; Bashirah
Bashirah, Basheera
Basila
Basilah
Basima
Basimah, Baseema
Basinah
Basira

Basma; Basmah
Basoos
Bassama
Batina
Batla
Batool; Batul
Batrisyia
Batul, Batool
Bayan
Baysan
Bazala
Bazigha
Bazilah
Bazla
Bazm-Ara
Bazriqa
Beena
Beenish
Begum
Benazir
Bhajat
Bibi
Bilqis, Bilqees
Binesh
Binish
Birrah

Bisar
Bisharah
Bisma
Bismal
Budur
Buhaysah, Buhaisah
Buhayyah
Buhjah
Buhthah
Bujaybah
Bulbul
Bunan
Bunanah
Buqayrah
Burayka
Burdah
Burum
Busaina
Busayrah
Bushra
Bushrah
Busr
Busrah
Bustan
Buthaynah, Buthainah,
Buthayna
Cala
Cantara
Chaman
Chanda
Chandni; Chandini;
Chandani
Chunna
Daajiyah
Daanah
Daania
Daanya
Daariyah
Dad
Dafiya
Dafiyah
Dahab
Dahma
Daiba
Dalaal, Dalal
Daleela
Dalia
Daliya
Daliyah
Danah
Daneen
Danish

Danish Ara
Daniya
Daniyah
Dara
Darakhshaan
Darakhshan
Daria
Dariya
Dariyah
Darkhshanda
Darra
Daulah
Dawha
Dawlah
Dawlat Khatoon
Dayfah
Deeba
Deema
Deena
Deenah
Delisha
Dema
Dhakirah
Dhakiyah
Dhuha
Dhuka

Dil
Dilara
Dildar
Dilkash
Dilruba
Dilshad
Dilshad Khatoon
Dima
Dimah
Dina
Diqrah
Diyanah
Doaa
Doha
Dua
Duaa
Duba'ah
Duha, Dhuha
Dujanah
Dunia
Dunya
Dunyana
Durafshan
Durar
Durdana
Durdanah

Dur-e-Shahwar
Durnave
Durr
Durra
Durrah
Durriya
Durriyah
Durriyya
Durriyyah
Easmatara
Eiliyah
Eimaan; Eiman
Eliza
Ellena
Elma
Eman
Emma
Enisa
Enny
Eraj
Ereshva
Erina
Ermina
Erum
Esha'al
Eshal
Eshani
Eshmaal
Esita
Ethibal
Ezzah
Faariha
Faatin; Faatina
Fadeelah
Fadheela
Fadhiya
Fadia
Fadila
Fadilah, Fadheela
Fadiyah
Fadwa
Fadwah
Fadyaa
Faeezah
Faekah
Fahamitha
Fahdah, Fahada
Faheemah
Fahhama
Fahima; Faheemah
Fahimah
Fahm

Fahm Ara
Fahmeeda
Fahmida
Faida
Faidah
Faiqa
Faiqah
Fairuzah
Faiza, Faizah
Faizah
Faizia
Fajr
Fakeeha
Fakeehah
Fakhar
Fakhira
Fakhirah
Fakhr
Fakhra
Fakhriya
Fakhriyah
Fakhrun Nisa
Fakhtah
Fakihah
Fakira
Falahat

Falak
Falaknaz
Falaq
Faleha
Faliha
Falihah
Falisha
Famya
Fanan
Fanila
Faqiha
Faqirah
Fara
Faraah
Faraal
Farah
Faraza
Fareeda; Fareedah; Farida
Fareeha
Fareess
Farha
Farhaana
Farhah
Farhal
Farhana

Farhanah
Farhat
Farheen
Farhi
Farhina
Farhiya
Faria
Fari'ah
Farida
Faridah, Fareeda
Farihah, Fareeha
Farisha
Fariza
Farizah
Farkhandah
Farkhunda
Farqad
Farrukh
Farwa
Farwah
Faryal
Faryat
Farzana
Farzeen
Faseeha
Faseehah

Faseelah
Fasiha
Fasiya
Fateen
Fateena
Fateenah
Fatema
Fatheha
Fathi
Fathiya
Fat'hiyaa
Fathiyah
Fatiha
Fatim
Fatima; Fathima
Fatin or Fatinah
Fatina
Fatinah
Fatma
Fattana
Fauqiyah
Fauzia
Fawha
Fawiza
Fawqiyya
Fawz

Fawza
Fawzaana
Fawzah, Fawza
Fawzia
Fawziyah
Fawziyyah, Fawziya,
Fayha
Fayrooz
Fayroz
Fayruz
Fayyaza
Fayza
Fazeela
Fazeelat
Fazeen
Fazila
Fazilatun Nisa
Fazluna
Fazzilet
Feekah
Feerozah
Feeza
Feheema
Fehmeeda
Feiyaz
Fellah

Femida
Fida
Fidda
Fiddah
Fikra
Fikriya
Fikriyah
Fikriyya
Fikriyyah
Fir
Firdaus
Firdausi
Firdaws, Firdoos
Firdous
Firdowsa
Firoza
Firyal
Fiza
Fizza
Fizzah
Foram
Forhana
Fouzia
Fozia
Foziah
Fuaada

Fuada
Fudayl
Fukayna
Funoon
Furat
Furaya
Furayah
Furaysa
Furoozan
Fusaylah
Fuseelah
Futun
Fuzail
Gaeti
Gaitha
Gazala
Ghaada
Ghaaliba
Ghaaliya
Ghada
Ghadah, Ghaada
Ghadeer
Ghadia
Ghadir
Ghafira
Ghaida

Ghaidaa
Ghalia
Ghaliba
Ghalibah
Ghaliya
Ghaliyah, Ghaaliya
Ghamza
Ghaneemah
Ghania
Ghaniya
Ghaniyah
Ghaniyya
Gharam
Ghareebah
Gharra
Ghashia
Ghasna
Ghassana
Ghatiya
Ghaya
Ghayda, Ghaydaa
Ghazaala
Ghazal
Ghazala
Ghazalah
Ghaziya

Ghaziyah

Ghibtah

Ghina

Ghitbah

Ghizala

Ghizlan

Ghufayrah

Ghufran

Ghumaysa

Ghumra

Ghunwa

Ghunwah

Ghunwah or Ghunyah

Ghusn

Ghusoon

Ghusun, Ghusoon

Ghuzaila

Ghuzayyah

Golnar; Gulnar

Guhika

Gul

Gul Badan

Gul Bahar

Gul Barg

Gul Izar

Gul Rang

Gul Ru

Gul Rukh

Gulab

Gulbano

Gul-e-Rana

Gulika

Gulistan

Gulnar

Gulrez

Gulshan

Gulzaar

Haadiya

Haafiza

Haajar

Haajara

Haakima

Haala

Haamida

Haaniya

Haaritha

Haazima

Hababah

Habeeba

Habiba

Habibah, Habeeba

Hablah

Haboos
Hadaya
Hadbaa
Hadbaaa
Hadeel
Hadeeqa
Hadhiqah
Hadhirah
Hadia
Hadiah
Hadil
Hadiyah, Haadiya
Hadiyya
Hadiyyah
Hadyah
Haeda
Haemah
Hafa
Hafeeza
Hafeezah
Haffafa
Hafiza
Hafizah
Hafsa, Ucha
Hafsah, Hafsa
Hafthah
Hafza
Haibaa
Haifa, Hayfa
Haifaaa
Haimi
Haiza
Hajar
Hajara
Hajira
Hajjah
Hajna
Hajrah
Hajun
Hakeema
Hakima
Hakimah
Hala
Halah, Haala
Haleema
Haleemah
Halia
Halima
Halimah, Haleema
Hamaama
Hamama
Hamamah

Hamas
Hamda
Hamdan
Hamdiyah
Hamdoona
Hameeda; Hamidah
Hamida
Hamidah, Hameeda
Hamima
Hammada
Hamna
Hamnah
Hamra
Hamsa
Hana
Hanaaa
Hanaan
Hanan
Haneef
Haneefa
Haneefah
Hanfa
Hani
Hania
Haniah
Haniah

Hanifa, Hanifah,
Haneefa
Hanin
Haniyah
Haniyyah, Haniya
Hanna
Hannah
Hannan
Hannuf
Hanoon
Hanoona
Hanyah
Hareem
Hareer
Harir
Harisa
Haroona
Hasana
Hasant
Haseeba
Haseefa
Haseena
Hashmat
Hasiba
Hasibah
Hasifa

Hasifah
Hasina
Hasinah
Hasnah, Hasna, Hasna
Hasnat
Hassana
Hatima
Hawa, Hawwa
Hawadah
Hawazin
Hawiya
Hawla
Hawra
Hawraa
Hawwa
Haya, Hayaa
Hayaam
Hayah, Hayat
Hayam, Hayaam
Hayat
Haydara
Hayed
Hayfa
Hayrah
Hayud
Hazar

Hazeela
Hazeerah
Hazima
Hazimah
Haziqa
Haziqah
Hazirah
Hazzafa
Heba
Heela
Heena
Heer
Hejmana
Hela
Helena
Hena
Henna
Hessa
Heyam
Hiba
Hibah
Hibat Allah
Hibatullah
Hibba
Hibbah
Hidayah

Hidiyah	Hodan
Hifza	Hoor
Hijab	Hooria
Hijrah	Hooriya
Hikma	Hooriyah
Hikmah, Hikmat	Hoorulain
Hilal	Horia
Hilala	Hoyam
Hilmiyya	Hubab
Hilwana	Hubayshah
Himaja	Hubba
Himma	Huboor
Hina	Huda, Hooda
Hinaa	Hudun
Hind	Hujaymah
Hindah	Hujayrah
Hira	Hujja
Hirah	Hukaymah
Hiral	Hulyah
Hishma	Huma
Hissa	Humaida
Hitaishi	Humaila
Hiwaaya	Humaina
Hiyam	Humaira
Hiza	Humairah, Humayrah
Hoda	Humaydah

Humayra

Humayya

Humera

Hummaira

Humra

Hunaidah, Hunaydah

Hur

Huriya

Huriyah, Huriyyah,
Hooriya

Huriyyah, Hooriya

Hurmat

Hurriya

Hurya

Husaina

Hushaima

Husn, Husna

Husn Ara

Husni

Husniya

Husniyah

Husniyya

Hussana

Hutaf

Hutun

Huwaidah, Huwaydah

Huzuz

Iba

Ibadah

Ibadat

Ibrah

Ibrisam

Ibrisami

Ibriz

Ibthaj, Ibtihaj, Ibtihaaj

Ibtihal

Ibtisaama

Ibtisam, Ibtisaam

Ibtisama

Idhar

Idrak

Iffah, Iffat

Iffat-Ara

Ifra

Ifrah

Iftikar

Iftikhar

Iftin

Iftinan

Ifza

Ighra

Ihaa

Ihab

Ihtisham

Iiham

Ijabo

Ijaz

Ijlal

Ijliyah

Ikhlas

Iklil

Ikraam

Ikram, Ikraam

Ikramiya

Ilaaf

Ilham, Ilhaam

Ilhan

Ilm

Ilmeeyat

Iltimas

Ilyas

Iman, Imaan

Imani

Imsaal

Imthithal

Imtihal

Imtinaan

Imtinan

Imtisal

Imtithal

Imtiyaz, Imtiyaaz

Inaam

Inaaya

Inam, Inaam

Inan

Inas

Inaya

Inayah, Inayat

Inayat

Inga

Insaaf

Insaf

Insha

Inshirah

Intessar

Intisar, Intisaar

Intisarat

Iqamat

Iqra

Iradat

Iraj

Iram

Irem

Irsa

Irtiza

Irum

Isa

Isad

Isaf

Isar

Isbah

Isha

Ishaal

Ishana

Ishani

Ishanvi

Ishfaq

Ishraq

Ishrat

Ishta

Ishya

Isir

Islah

Islam

Isma

Ismah, Ismat

Ismat

Ismat-Ara

Isood

Isra

Israa

Istabraq

Istilah

Itab

Itaf

Ithar

Itidal

Itimad

Itrat

Izaz

Izdihar, Izdihaar

Izma

Izz

Izz an-Nisa

Izza

Izza an-Nisa

Izzah

Izzat

Jaan

Jabalah

Jabarah

Jabeen

Jabin

Jabirah

Jabrayah

Jada

Jadeeda	Jameela
Jadida	Jameelah
Jadwa	Jameena
Jahaan	Jameerah
Jahan	Jamia
Jahan Aara	Jamila
Jahan Ara	Jamilah, Jameela
Jahan Khatoon	Jammana
Jahanara	Jana
Jahdamah	Janan, Janaan
Jahida	Janna
Jahmyyllah	Jannah
Jahnavi	Jannat
Jahnvi	Jannatul Firdaus
Jaiyana	Jareea
Jala	Jariyah
Jalaja	Jaseena
Jaleela	Jasira
Jaleelah	Jasmin
Jaleesah	Jasmina
Jalila	Jasra
Jalilah	Jasrah
Jalpa	Jassia
Jalwa	Javairea
Jamal	Javeria
Jamala	Jawa

Jawahir

Jawda

Jawedan

Jawhara

Jawharah

Jawl

Jawna

Jaza

Jazeera

Jazibiyya

Jazira

Jaziya

Jeelaan

Jehaan

Jehan

Jemimah

Jenna

Jennah

Jessenia

Jian

Jibla

Jihan

Jilan

Jinan

Johara

Joindah

Joodi

Jud

Judaala

Judamah

Judamnah

Judi

Juhaina

Juhainah, Juhaynah

Juhanah

Juhaymah

Juhi

Jumaana

Jumaima

Jumaina

Juman

Jumana

Jumanah, Jumaana

Jumaymah

Jumaynah

Jun

Junah

Junainah

Junayna

Juni

Junna

Junnut

Juveria
Juwairiya
Juwairiyah, Juwayriyah
Juwan
Juwariyah
Kaamla
Kaatima
Kaazima
Kabeera
Kabeesha
Kabira
Kabirah
Kabshah
Kafiya
Kaheela
Kaheesha
Kahkushan
Kaia
Kaif
Kaifiya
Kaina
Kainat
Kakuli
Kaleemah
Kali
Kalila

Kalima
Kalsam
Kalsoom
Kaltham
Kamal
Kamaliyah
Kameela
Kamila
Kamilah
Kaneez
Kaneezah
Kaniz
Kanizah
Kanval
Kanwal
Kanz
Kanza
Kanzah
Karam
Karamat
karawan
Kardawaiyah
Kardawiyah
Karida
Karima
Karimah, Kareema

Kariman

Karma

Kas

Kashfiya

Kashida

Kashifah

Kashira

Kashish

Kashmira

Kashooda

Kashud

Kasirah

Kasool

Kasturi

Kathirah

Kaukab

Kaureen

Kausar

Kauser

Kawakib

Kawkab

Kawthar

Kayan

Kaysah

Kazima

Kehara

Kehkashan

Khaalida

Khabira

Khadija

Khadijah, Khadeeja

Khadra

Khair

Khaira

Khairah

Khairat

Khairiya

Khairun Nisa

Khaleela

Khalida, Khalidah

Khalilah

Khalisa

Khalisah

Khalwat

Khanam

Khansa

Kharijah

Kharqa

Khashar

Khashia

Khashifa

Khasiba

Khatera
Khatiba
Khatira
Khatoon
Khaula
Khawara
Khawla
Khawlah
Khayrah
Khayriyah, Khayriyyah, Khairiya
Khazanah
Khazeena
Khidrah
Khitam
Khitfa
Khudamah
Khudra
Khudrah
Khulaidah
Khulat
Khulaybah
Khuld
Khullat
Khulud, Khulood
Khunatha

Khurmi
Khursheed
Khurshid Jahan
Khusbakht
Khushbakht
Khushbu
Khuwailah
Khuwaylah
Khuzama
Khuzamah
Kiah
Kifaaya
Kifah
Kinaana
Kiran
Kishwar
Kiswar
Knaval
Kohinoor
Koila
Komal
Komila
Korina
Kouther
Kowaisah
Kuaybah

Kubra
Kuhaylah
Kulsoom
Kulthum, Kulthoom
Kulus
Kunza
Kurat-ul-Ain
Kuwaysah
Kwairah
Kyda
Kyna
Laila
Laaibah
Laaiqa
Laaiqah
Laal
Labeeba
Labeebah
Labiba
Labibah
Lafiza
Lahifa
Laiba
Laiha
Laila
Laiqa

Laiqah
Lakhsha
Lala
Lama
Lamah
Laman
Lamees
Lamia
Lamiah
Lamis, Lamees
Lamisa
Lamisah
Lamya, Lamya
Lana
Lanika
Laraib
Laseef
Lashirah
Latafat
Lateefa
Latifa
Latifah, Lateefa
Latimah
Lawaiza
Layaali
Layaan

Layali
Layan
Layina
Layla, Leila
Layyah
Lazim
Leem
Leen
Leena
Leila
Leilah
Leyla
Liba
Linah, Lina, Leena
Liyana
Liza
Lu Luah
Lubaaba
Lubab
Lubaba
Lubabah, Lubaaba
Lubaina
Luban
Lubana
Lubanah
Lubena
Lublubah
Lubna
Luja
Lujain, Lujayn
Lujaina
Luloah
Lulu
Lulua
Luluah, Lulwa
Luma
Luna
Lunah
Lutf
Lutfana
Lutfiya
Lutfiyya
Lutfun Nisa
Ma as-sama
Maab
Maahnoor
Maajida
Maali
Maariya
Maazina
Mabrooka
Mada

Madaniya
Madar
Madeeha
Madhat
Madhia
Madia
Madiha
Madihah, Madeeha
Maesa
Mah
Mah Jabin
Mah Liqa
Mah Naz
Mah Noor
Mah Rukh
Maha
Mahaa
Mahabbah
Mahala
Mahalfa
Mahasin
Mahbasah
Mahbooba
Mahdeeya
Mahdhoodha
Mahdiya

Mahdiyah
Maheen
Maheera
Mahek
Mahfoodha
Mahfooza
Mahfuzah
Mahibah
Mahin
Mahinaw
Mahira
Mahirah
Mahjabeen
Mahjooba
Mahmooda
Mahmoodatun Nisa
Mahmudah
Mahnaz
Mahneerah
Mahnoor
Mahparah
Mahreen
Mahrosh
Mahroz
Mahrukh
Mahtab

Mahtalat	Majida
Mahtob	Majidah, Majeeda
Mahum	Makarim, Makaarim
Mahveen	Makhtooma
Mahwish	Makhtoonah
Maida	Makkiyah
Maimana	Maktoonah
Maimoona, Maymunah	Maladh
Maimuna	Malaha
Maimunah	Malaika
Maira	Malaikah
Mais	Malak, Malaeka
Maisaa	Malakah
Ma'isah, Maisa	Malayeka
Maisara	Maleeha
Maisarah	Maleehah
Maisha	Maleeka
Maisoon	Maliha
Maisoora	Malika
Maisun	Malikah
Maiyy	Malka
Maizah	Malmal
Majda	Mamoona
Majdiya	Manaahil
Majdiyya	Manaal
Majeeda	Manaar

Manaara
Manab
Manahel
Manahil
Manal, Manaal
Manar, Manaar
Manara
Mandal
Manfoosah
Manha
Manhalah
Mann
Mannana
Mansoora
Mansurah
Manzoora
Maqboola
Maqboolah
Maqsooda
Marab
Marah
Maram, Maraam
Mardhiah
Mardiyya
Marghuba
Marhabah

Maria
Mariah
Mariam, Maryam
Marib
Maridah
Mariha
Mariya
Mariyah
Mariyya
Marjaana
Marjan
Marjanah
Marnia
Maroofa
Marqooma
Marriba
Maruff
Marwa
Marwah
Maryam
Maryum
Marziya
Marziyah
Marzooqa
Marzuqah
Mas

Masabeeh
Masabih
Masahir
Masarrah
Masarrat
Maseera
Mashaal
Mashal
Mashhuda
Mashia
Mashkoora
Mashmool
Mashoodah
Masira
Masooda
Masooma
Masoon
Mas'ouda
Masroora
Masrurah
Massima
Mastoora
Mastura
Masudah, Masouda
Masumah
Mateena
Mateenah
Matina
Mausooma
Mawadda
Mawaddah
Mawahib
Mawara
Mawhiba
Mawhooba
Mawiya
Mawiyah, Mawiya
Mawsoofa
Mawzoona
May
Maya
Mayameen
Mayeda
Mayesa
Maymanat
Maymoona
Maymunah
Mays, Mais
Maysa, Maysaa
Maysam
Maysarah
Maysoon

Maysoora	Mehk
Maysun, Maysoon	Mehmuda
Mayyaada	Mehnaz
Mayyadah, Mayyada	Mehndi
Mayyasah	Mehnoor
Mazeeda	Mehr
Mazida	Mehreen
Mazina	Mehriban
Maziyah	Mehrish
Maznah	Mehrnaz
Mazneen	Mehrun Nisa
Medina	Mehrunisa
Meem	Mehtab
Meena	Mehvesh
Meeza	Mehvish
Mehak	Mehwish
Mehanaz	Meirul-Nisa
Mehar	Memoona
Meharunnisa	Mena
Mehbooba	Menaal
Mehek	Mersiha
Meher	Meryam
Meheroon	Mevish
Meherunissa	Meymona
Mehjabeen	Miah
Mehjibin	Mibhaj

Midhaa

Midhah

Midhat

Mihr

Mina

Minaal

Minal

Minna

Minnah

Minoo

Mirah

Mirvat

Misaal

Misam

Misba

Misbaah

Misbah

Misha

Mishael

Mishall

Mishel

Miska

Miskeenah

Mobena

Mohaddisa

Mohga

Mohsana

Mohsina

Momina

Mona

Monera

Moomal

Mouna

Mounia

Mounira

Muaza

Muazah

Muazzama

Muazzaz

Mubaaraka

Mubaraka

Mubashirah

Mubashshara

Mubassirah

Mubeena

Mubeena

Mubeenah

Mubin

Mubina

Mubinah

Mudrika

Mueena

Mueerah

Mufazzalah

Mufeeda

Mufiah

Mufidah, Mufeeda

Mufliha

Mugheesah

Mughirah

Muhabbat

Muhariba

Muhayra

Muhayya

Muhibbah

Muhjah, Muhja

Muhjar

Muhra

Muhsina

Muhsinah

Muida

Muizza

Mujaahida

Mujahida

Mukarram

Mukarrama

Mukhlisa

Mukhlisah

Mukhtar

Mulayka

Mulook

Mumayyaz

Mumina

Muminah

Mumtaaza

Mumtaz

Mumtaz Mahal

Mumtaza

Muna, Mona

Munaam

Munas Sabah

Munawar

Munawwar

Munawwara

Munazza

Munazzah

Muneeah

Muneeba

Muneefa

Muneera

Muneerah

Munerah

Muniba

Munifa

Munira
Munirah, Muneera
Munisa
Munisah
Munize
Munjiyah
Muntaha
Munya
Munyatul Muna
Muqadaas
Muqaddasa
Muqbala
Muqbalah
Murdiyyah
Muriha
Murjanah
Murshida
Murshidah
Muruj
Musaddas
Musaddiqa
Musaddiqah
Musarrat
Musawat
Musaykah
Musfira

Mushahida
Musharrafa
Mushira
Mushirah, Musheera
Mushtaaqa
Mushtaqa
Mushtari
Muskaan
Muskan
Muslima
Muslimah
Musn
Musnah
Mussah
Mussaret
Mustaeenah
Mutahhara
Mutahharah
Mutazah
Muteea
Mutehra
Mutia
Muwaffaqa
Muyassar
Muzaina
Muzaynah

Muzeea

Muzna

Muznah

Myiesha

Myreen

Mysha

Nimah, Naeema

Nimat, Nimaat

Nimerah

Nimra

Nimrah

Nina

Nira

Nisa

Nisar

Nisha

Nishat

Nisma

Nisreen

Nisrin

Nissa

Nivin

Niyaf

Niyyat

Nofal

Nohreen

Noor, Nur

Noor al-Sabah

Noor Jahan

Noora

Noor-Al-Haya

Nooraniyah

Noorie

Noorien

Nooriya

Nooriyya

Noorjahan

Nooruddunya

Noorulain

Noor-ul-ann

Noorun Nisa

Nora

Noreen

Noreenah

Norhan

Noriza

Noshaba

Nosheen

Noshi

Noshin

Nouf

Noureen

Nu'aymah
Nuboogh
Nudar, Nudhar
Nudbah
Nudhar
Nudoora
Nudra
Nudrat
Nufaysah
Nuha
Nuhaa
Nujud, Nojood
Numa
Nunah
Nur al Huda
Nura
Nurah, Noorah
Nurayda
Nuriya
Nuriyah
Nurjahan
Nurjenna
Nuryn
Nusaiba
Nusaibah
Nusaybah

Nusayma
Nusrah
Nusrat
Nuwairah, Nuwayrah
Nuwayla
Nuwaylah
Nuwwar
Nuwwara
Nuwwarrah
Nuzar
Nuzha
Nuzhah
Nuzhat
Nyasia
Nyla
Obaidiyah
Ojala
Omera
Ooma
Orwiya
Ozra
Ozza
Pakeeza
Pakeezah
Pakiza
Pardaj

Pari

Parinda

Pariza

Parsa

Parveen

Parvin

Parvina

Parwin

Qaaida

Qabalah

Qabila

Qabilah

Qabool

Qadira

Qadr

Qadriyah

Qadriyyah

Qahira

Qaifa

Qailah

Qaima

Qamar

Qamar Jahan

Qamarun Nisa

Qamayr

Qameer

Qamra

Qamraaa

Qanaat

Qania

Qaniah

Qantara

Qanturah

Qaraah

Qarasafahl

Qareebah

Qarsafah

Qaseema

Qasiba

Qasima

Qasira

Qasoomah

Qaval

Qaylah

Qaymayriyah

Qaysar

Qayyima

Qindeel

Qirat

Qisaf

Qisma

Qismah

Qismat
Qiyyama
Quadriyyah
Qubilah
Quddusiyyah
Qudsia
Qudsiyah
Qudsiyya
Quraybah
Qurratul Ayn
Qurratulain
Qurrat-ul-ain
Qutaylah
Qutayyah
Raabia
Raabiya
Raadiya
Raafida
Raaida
Raameen
Raana
Raani
Raaniya
Raawiya
Rabab
Rabail
Rabbab
Rabbiya
Rabdaa
Rabeea
Rabeeha
Rabia
Rabiah, Rabeea
Rabiha
Rabita
Rabitah
Rabiya
Rabiyah
Rabwa
Radeyah, Radhiya
Radhia
Radhika
Radhiyaa
Radhwa
Radifa
Radiya
Radiyah, Radhiya
Radiyya
Radwa, Radhwa, Radhwaa
Raeesa
Raeesah

Raeha
Raeleah
Rafa
Rafah, Rafat
Rafal
Rafat
Rafeea
Rafeeah
Rafeeda
Rafeef
Rafeeha
Rafeeqa
Rafeeqah
Rafia
Rafiah
Rafida
Rafidah
Rafif
Rafiqa
Rafiqah
Rafraf
Raghad or Raghda
Raghada
Raghd
Raghda
Ragheeda

Raghiba
Raghibah
Raghid
Raghidah
Raha
Rahaf
Rahat
Raheel
Raheema
Raheemah
Raheeq
Rahifa
Rahil
Rahila
Rahilah
Rahima
Rahimah
Rahiq
Rahla
Rahma
Rahmaa
Rahmah
Rahmat
Raida
Raidah, Raaida
Raifa

Raifah
Raihaana
Raihana
Raima
Raina
Raiqa
Raiqah
Raisa
Raisah
Raita
Raitah
Raja, Raja
Rajab
Rajia
Rajiha
Rajini
Rajiya
Rajiyah
Rajwa
Rakhas
Rakheelah
Rakhima
Rakhshan
Rakhshanda
Rakhshi
Rakina

Ramazan
Rameen
Rameesah
Rameesha
Ramia
Ramidha
Ramisa
Ramla
Ramlah
Ramsha
Ramza
Ramzia
Ramziyah
Ramziyya
Rana
Rand
Randa
Raneem
Rani
Rania
Ranim, Raneem
Raniyah, Raniya
Ranya
Raoom
Raqia
Raqiba

Raqiqa
Raqiyah
Rasan
Rasee
Rasha
Rashaa
Rashad
Rashaqa
Rasheeda
Rasheedah
Rasheeqa
Rashida, Rasheeda,
Rashidah
Rashiqa
Rasikha
Rasima
Rasina
Rasmiya
Rasmiyah
Ratiba
Raudzah
Rauhah
Raunaq
Raunaq Jahan
Raushan
Raushan Ara

Raushan Jabin
Raushani
Rawah
Rawahah
Rawda
Rawdah, Rawdha
Rawhah
Rawhiyah
Rawia
Rawiah, Raawiya
Rawiyah
Rawza
Raya
Rayann
Rayhanah
Rayia
Rayna
Raytah
Rayya, Rayyaa
Rayyana
Razaana
Razan, Razaan
Razana
Razeena
Razia
Razina

Raziqa
Raziya
Raziyah
Raziyya
Razwa
Reeha
Reeham
Reem
Reema
Reena
Reham
Rehana
Rehemat
Rehma
Reja
Resha
Resham
Reshma
Reshma
Reyah
Reyhana
Rezeya
Rida
Rifa
Rifaat
Rifat

Rifaya
Riffat
Rifqa
Rihaab
Rihab
Riham
Rihana
Rija
Rijja
Rim, Reem
Rima, Reema
Rimsha
Rinaaz
Riqbah
Riyaz
Riza
Rizeen
Rizqin
Rizwan
Rizwana
Robeena
Robina
Roha
Rohaan
Rohin
Roma

Romana
Romeesa
Rona
Roobi
Roshan
Roshana
Roshanara
Roshini
Roshna
Roshni
Roushana
Rozinah
Rua
Ruaa
Ruba
Rubaa
Rubaba
Rubadah
Ruban
Rubay
Rubeina
Rubel
Rubi
Rubina
Rubiya
Rudainah, Rudaynah

Rufayah
Rufayda
Ruhab
Ruhani
Ruhaniya
Ruhee
Ruhi
Ruhina
Ruhiya
Ruhm
Rukan
Rukayat
Rukhayam
Rukhaylah
Rukhi
Rukhila
Rukhsaar
Rukhsana
Rukhsanah
Rukhsar
Rukhsara
Rukhshana
Ruksana
Rumaana
Rumailah, Rumaylah
Rumaisa

Rumaithah, Rumaythah
Rumana
Rumayla
Rumaysa
Rumayta
Rumeha
Rumla
Rumman
Rummana
Runa
Ruqa
Ruqayqa
Ruqayqah
Ruqayya
Ruqayyah, Ruqaya,
Rugayya
Ruquaiya
Ruqya
Rusayla
Rushd
Rushda
Rushdiya
Rutaiba
Ruwaa
Ruwaida
Ruwaidah, Ruwaydah
Ruwayda
Ruya
Ruyaa
Ruyah
Ruzaynah
Saabiqa
Saabira
Saadat
Saadia
Saadiya
Saaedah
Saafiyya
Saahira
Saaida
Saaiqa
Saajida
Saaleha
Saaliha
Saalima
Saamiqa
Saamiya
Saamyya
Saara
Saara
Saarah
Saat

Saba
Sabaa
Sabaaha
Sabah
Sabahat
Sabat
Sabburah
Sabeegah
Sabeeha
Sabeeka
Sabeen
Sabeena
Sabeera
Sabeeyah
Sabha
Sabih
Sabiha
Sabihah
Sabina
Sabiqa
Sabiqah
Sabira
Sabirah, Saabira
Sabita
Sabiya
Sabiyya

Sabohi
Sabooha
Saboora
Sabqat
Sabr
Sabreen
Sabria
Sabrin
Sabrina
Sabriya
Sabriyah
Sabriyya
Sabuh
Sabuhi
Sabura
Sadad
Sadaf
Sadah
Sadaqa
Sadaqat
Sadat
Sadeeqa
Sadi
Sadia
Sadiah
Sadida

Sadiqa
Sadiqah
Sadiya
Sadiyah
Sadoof
Sadooh
Saduq
Saeeda
Saeedah
Safa
Safaa
Safaaa
Safeenah
Safeerah
Saffanah
Saffiya
Safia
Safiya
Safiyya
Safiyyah, Safiya
Safoora
Safoorah
Safun
Safura
Safwa
Safwah

Safwana
Sagheerah
Saghira
Sahab
Sahana
Sahar
Saharish
Sahheeda
Sahibah
Sahimah
Sahina
Sahira
Sahirah
Sahlah, Sahla
Sahna
Sahrish
Saiba
Saibah
Saida
Saidah
Saihah
Saila
Saima
Saimah
Saiqa
Saira; Sairah

Sairi
Sairish
Saja
Sajaa
Sajida
Sajidah
Sajila
Sajiya
Sajiyya
Sakeena
Sakeenah
Sakeeza
Sakha
Sakhawat
Sakhira
Sakhiya
Sakina
Sakinah, Sakeena
Salam
Salama
Salamah
Saleema
Saleemah
Saleena
Saleshni
Salifah

Saliha
Salihah
Salikah
Salima
Salimah, Saleema
Salma
Salmah
Salsabil, Salsabeel
Salwa
Salwah
Sama
Samaa
Samaah
Samah, Samaah
Samaira
Saman
Samana
Samar
Samara
Samarah
Samawah
Samawiyah
Sameea
Sameeah
Sameeha
Sameen

Sameena	Samya
Sameenah	Sana, Sanaa
Sameera	Sanaaa
Sameh	Sanad
Samera	Sanah
Sameya	Sanam
Samia	Sanari
Samiah	Sanaubar
Samiha	Sangeet
Samihah, Sameeha	Sanika
Samim	Saniya
Samima	Saniyah
Samina	Saniyya
Samiqa	Sanjeeda
Samira, Sameera	Sanjeedah
Samirah, Sameera	Saqaafa
Samitah	Saqat
Samiun	Saqiba
Samiya	Sara
Samiyah, Saamiya	Sarab
Sammar	Sarah
Samra	Sarahat
Samraa	Sarahna
Samrah	Sareea
Samreen	Sareema
Samrina	Sariba

Sarika
Sarina
Sarish
Sariyah
Saroj
Sarood
Saroor
Sarra
Sarrah
Sarrinah
Sartaj
Sarvia
Sarwa
Sarwana
Sarwar
Sarwari
Sarwat
Sarwath
Sarya
Sataish
Satila
Satta
Sauda, Sawdah
Savaira
Sawab
Sawada
Sawda
Sawdah
Sawsan
Sayali
Sayeeda
Sayida
Sayidatun Nisa
Sayyah
Sayyidah
Sazia
Sbahat
Seem
Seema
Seemal
Seemeen
Seemin
Seerat
Seeta
Seetha
Seham
Seher
Sehr
Sehrish
Seleena
Selina
Senada

Senait
Sfiyah
Shaadiya
Shaafia
Shaahida
Shaahira
Shaakira
Shaamila
Shabab
Shaban
Shabana
Shabeeba
Shabeeha
Shabeehah
Shabina
Shabnam
Shad
Shadaab
Shadha, Shadhaa
Shadhiyah
Shadia
Shadin
Shadiya
Shadiyah
Shadman
Shadmani

Shaesta
Shafaat
Shafana
Shafaq
Shafath
Shafeea
Shafeeqa
Shafeeqah
Shaffan
Shafia
Shafiah
Shafiqa
Shafiqah
Shafqat
Shagoofa
Shagoon
Shagufta
Shaguftah
Shahaada
Shahaama
Shahaba
Shahada
Shahamat
Shahana
Shaharun
Shahd

Shahed
Shaheeda
Shaheema
Shaheen
Shaheenah
Shaheera
Shaheerah
Shaherbano
Shahida
Shahidah
Shahina
Shahinaz
Shahiqa
Shahirah
Shahla
Shahlah
Shahmeen
Shahnaaz
Shahnaz
Shahnoor
Shahra
Shahrazad
Shahrbano
Shahreen
Shahrin
Shahrzadah

Shahzaadee
Shahzadi
Shahzana
Shaiba
Shaidah
Shaila
Shaima
Shaimaaa
Shaira
Shairah
Shaista
Shaistah
Shajarah
Shajaratuddurr
Shajeea
Shajee'ah
Shakeela
Shakeelah
Shakila
Shakini
Shakira
Shakirah
Shakoora
Shakura
Shakurah
Shalbiyyah

Shalimar

Shama

Shamaail

Shamail

Shamailah

Shamama

Shamamah

Shamayla

Shameela

Shameem

Shameema

Shameemah

Shameena

Shamikh

Shamikha

Shamila

Shamila

Shamilah

Shamim

Shamima

Shamimara

Shamis

Shamma

Shamoodah

Shams

Shamsa

Shamshad

Shamsia

Shamsun Nahar

Shamsun Nisa

Shamuda

Shanaz

Shanika

Shanum

Shanza

Shanza

Shanzay

Shanze

Shaqeeqa

Shaqeeqah

Shaqiqa

Shaqra

Sha'Quarria

Sharaf

Sharayah

Shareefa

Shareekah

Shareen

Sharfa

Sharifa

Sharifah, Shareefa

Shariqah

Sharleen
Sharleez
Sharmeela
Sharmeen
Sharmin
Sharnaz
Shasa
Shasmeen
Shasun Nahar
Shatha
Shaveena
Shawq
Shayla
Shayma, Shaymaa
Shaza
Shazana
Shazfa
Shazia
Shaziya
Shaziyy
Shazmah
Shazmin
Shazneen
Sheeba
Sheema
Sheen

Sheenaz
Sheerin
Sheeza
Shehla
Shehr bano
Shehzadi
Sheila
Shela
Shellah
Shenaz
Shephali
Sherana
Shereen
Sheyla
Sheza
Shezan
Shifa
Shihaam
Shiham
Shillan
Shimaa
Shimah
Shimaz
Shinat
Shireen
Shireen; Shirin

Shirin
Shiya
Shiyaaj
Shiyam
Shiza
Shola
Shua
Shuaila
Shuba
Shudun
Shuhaymah
Shuhda
Shuhrah
Shuhrat
Shujana
Shukr
Shukrah
Shukriyah
Shukriyya
Shumaila
Shumaila
Shumaisiya
Shumaylah
Shumaysa
Shumaysah
Shuqra

Shurafa
Shurafa
Shurooq
Shuruq
Shyreen
Sibal, Sibaal
Siddeeqa
Siddiqa
Siddiqah
Siddra
Sidra
Sidrah
Sifoor
Siham, Sihaam
Silma
Silmi
Sima
Simaab
Simah
Simin
SimiSimky
Simone
Simra
Simrah
Sirah
Sireen

Sirin, Sireen	Subaha
Sitaara	Subayah
Sitara	Subaytah
Sitarah	Subbiha
Sitwat	Subh
Siyana	Subhaan
Smera	Subhah
Sobaika	Subhana
Sobia	Subhiyah
Sobiya	Subuhi
Sofia	Suda
Soha	Sudi
Sohana	Sufia
Somaya	Sufiya
Somia	Sugharan
Somila	Sughra
Somna	Suha
Sonia	Suhaa
Sophia	Suhaad
Soraiya	Suhaana
Soraya	Suhaila
Sorfina	Suhailah, Suhaylah
Souad or Su'ad	Suhaima
Souhayla	Suhaimah, Suhaymah
Souhayla	Suhair, Suhayr
Suad, Souad	Suhana

Suhayla
Suhaylah
Suhayma
Suhaymah
Suhayr, Suhair
Suheera
Suja
Sujah
Sukaina
Sukainah, Sukaynah
Sukayna
Sukaynah
Sulabha
Sulafa
Sulafah
Sulaima
Sulama
Sulayma
Sultana
Sulthana
Sulwa
Sumaira, Sumayra
Sumaita
Sumaiya
Sumaiyah, Sumayyah
Sumamah
Sumanah
Sumara
Sumaya
Sumayrah
Sumaytah
Sumayyah, Sumaiya
Sumbal
Sumbul
Sumbula
Sumera
Sumia
Sumia
Sumiya
Suml
Sumlina
Summan
Summar
Summaya
Summayyah
Sumnah
Sumra
Sumrah
Sunat
Sunbul
Sunbula
Sundas

Sundus
Sunya
Sura, Suraa
Suraiya
Suraya
Surayya
Surosh
Surraya
Susan
Suwaybah
Suwera
Swiyyah
Taabeer
Taadeel
Taahira
Taalea
Taalia
Taaliah
Taaliba
Taamira
Taaqul
Taasees
Tabalah
Taban
Tabassum
Tabasumm

Tabeedah
Tabeen
Tabinda
Tafida
Taghreed
Taghrid
Tahaani
Tahajeeb
Tahani
Tahera
Tahfeem
Tahira
Tahirah, Taahira
Tahiya
Tahiyah
Tahiyat
Tahiyya
Tahkeem
Tahleela
Tahleem
Tahlibah
Tahmina
Tahoora
Tahseen
Tahseenah
Taiah

Taiba
Taibah
Taif
Taima, Tayma
Taisir
Taj
Tajmeel
Tajweed
Takiyah
Takreem
Tala
Talah, Taalah
Talat
Talbashah
Talhah
Tali
Taliba
Talibah
Tamadhur
Tamadur
Tamanna
Tamanni
Tamara
Tamazur
Tameema
Tameemah
Tameemiya
Tameen
Tameez
Tamkeen
Tammanna
Tamseel
Tanaz
Tania
Tanisha
Tanjia
Tansin
Tanweer
Tanzeela
Tanzila
Taqadus
Taqiya
Taqiyah
Taqiyya
Taqwa, Taqwaa
Tara
Taraab
Tarannum
Tareefa
Tarib
Tarifa
Tarik

Tariqah

Tarique

Tarneem

Tarub, Taroob

Tarz

Tasavur

Taseefa

Tasheen

Tasiyah

Taskeen

Tasleem

Taslima

Tasliymah

Tasmeekh

Tasmeem

Tasmin

Tasneam

Tasneema

Tasnim

Tasweeb

Tatheer

Taufeeq

Taufeer

Tauqeer

Tawaddud

Tawbah

Tawfeeqa

Tawfiqa

Tawheeda

Tawoos

Tayaba

Taybah

Tayebba

Tayyiba

Tayyibah

Tayyibatun Nisa

Tazeen

Tazim

Tazima

Tazkia

Tazmeen

Tehmeed

Tehreem

Tehzeeb

Thaabita

Thaamira

Thabitah

Thahera

Thalat

Thaman

Thamina

Thaminah

Thamra
Thana, Thanaa
Tharwa
Tharwah
Tharwat
Tharya
Thashin
Thawab
Thazeen
Thoraya
Thubaytah
Thufailah
Thumamah
Thuml
Thuraiya, Thurayya
Thuraya
Thuwaibah,
Thuwaybah
Thuwaybah
Tiba
Tibah
Tibna
Tibyan
Tirana
Tisha
Tooba

Toufika
Trana
Tuba, Tubaa
Tubassum
Tufaylah
Tuhfa
Tulaiha
Tulayhah
Tumadur
Tumazir
Tuqa, Tuqaa
Turfa
Umm-e-abeeha
Umm-ul-banin
Ushta
Ubab, Ubaab
Ubah
Ubayda
Udaysah
Udoola
Ugbaad
Uhud
Ujala
Ula
Ulfah
Ulfat

Ulya
Ulyaa
Uma
Umah
Umaima
Umaira
Umaiza
Umama
Umamah
Umarah
Umayma
Umaymah
Umaynah
Umayrah
Umayyah
Umm
Umm Abaan
Umm Fakeeh
Umm Hani
Umm Haraam
Umm Kalthum
Umm Khalid
Umm Kulthum
Umm Rabeeah
Umm Ruman
Umm Shareek
Umm Sulaim
Umm Umarah
Umm Warqah
Umm Yousuf
Ummayyah
Umm-e-abeeha
Umm-e-Ayman
Umm-e-Fazl
Umm-e-Habiba
Umm-e-Hani
Umm-e-Kulsoom
Umm-e-Kulsum
Umm-e-Rooman
Umm-e-Rumman
Umm-e-Salma
Umm-e-Salmah
Ummid
Ummu Kulthoom
Ummul Fazal
Umm-ul-banin
Umnia
Umnia
Umniya
Umniyah
Umrah
Umrana

Unaysah

Unaza

Uncu

Unquda

Unsa

Urooba

Urooj

Uroosa

Urshia

Urshia

Urwa

Usaimah, Usaymah

Ushna

Ushta

Uswa

Utaybah

Uwaisah, Uwaysah

Uzma

Valika

Valiqa

Vardah

Varisha

Waajida

Waajidah

Wabisa

Wad

Wadad

Waddia

Wadeea

Wadeeda

Wadha, Wadhaa

Wadi

Wadiah

Wadida

Wafa, Wafaa

Wafaaa

Wafeeqa

Wafia

Wafiqa

Wafiqah, Wafeeqa

Wafiya

Wafiyyah, Wafiya

Wafiza

Wagma

Wahabah

Wahbiyah

Waheeba

Waheebah

Waheeda; Wahida

Wahiba

Wahibah

Wahida

Wahidah

Wahuj

Waiya

Wajahat

Wajd

Wajdiyya

Wajee

Wajeeda

Wajeeha

Wajida

Wajiha

Wajihah, Wajeeha

Wajna

Wakalat

Wakeela

Wakeelah

Wala, Walaa

Waleeda

Walia

Walidah

Walihah

Waliyya

Wallada

Walladah

Waneesa

Wania

Waniya

Waniyya

Waqar

Waqeea

Waraqa

Warda, Wardah, Worda

Wardah, Wordah

Wardiyya

Wareesha

Warifa

Warisa

Warithah

Warizah

Warqa, Warqaa

Warqah

Warsan

Wasama

Waseefah

Waseema

Waseemah

Wasfiyah

Washida

Washma

Wasia

Wasifa

Wasifah

Wasifi
Wasila
Wasilah
Wasima
Wasimah
Wasiqa
Wasma
Wasmaaa
Wasna
Wateeb
Watheema
Wathiqa
Watiaa
Wazeera
Wazeerah
Wazha
Wiam
Wid
Widad, Widaad
Widdad
Wifaq
Wijdan
Wisal, Wisaal
Wisam, Wisaam
Wiyyam
Wurud

Yafiah
Yusraa
Yaasmeen
Yaasmeena
Yafia
Yafiah
Yakootah
Yakta
Ya'laa
Yalina
Yalqoot
Yamama
Yamamah
Yameena
Yamha
Yamiha
Yamina
Yaminah
Yaqoot
Yara
Yarah
Yariqa
Yashal
Yasim
Yasirah
Yasmeenah

Yasmin, Yasmeen
Yasmina
Yasmine, Yasmin, Yas
Yasna
Yassaman
Yelda
Yumn
Yumnah, Yumna
Yusayrah
Yusra, Yusraa
Yusriyah
Yusriyya
Yusur
Zarin
Zaafira
Zaahira
Zaahirah
Zaaida
Zaaminah
Zaara
Zabiyah
Zabreen
Zabya
Zaeemah
Zafeera
Zafeerah

Zafira
Zafirah, Zaafirah
Zafreen
Zaghlula
Zaha
Zahabia
Zahabiya
Zahara
Zahbia
Zaheen
Zaheera
Zaheerah
Zahia
Zahida
Zahidah
Zahira
Zahirah
Zahiya
Zahra, Zahraa
Zahraaa
Zahrah
Zahratun Nisa
Zahwah
Zaiah
Zaib
Zaiba

Zaibunissa
Zaid
Zaida
Zaima
Zain, Zayn
Zaina
Zainab, Zaynab
Zaira
Zairah
Zaiton
Zaitoon
Zaitoona
Zaitun
Zaituna
Zakia
Zakira
Zakirah
Zakiya
Zakiyaa
Zakiyah
Zakiyya
Zakiyyah
Zalfa
Zameelah
Zameena
Zamrud

Zamzam
Zanub
Zanubiya
Zanyah
Zaqawat
Zara
Zarafat
Zareefa
Zareen
Zareena
Zareenah
Zarifah
Zarin
Zarina
Zarinyan
Zariya
Zariyah
Zarma
Zarmina
Zarqa
Zarqaa
Zarrah
Zarrah
Zarreena
Zartaj
Zarwa

Zawiya
Zayaan
Zayb
Zayba
Zayn
Zaynab
Zaynah, Zaina
Zaytoon
Zaytoonah
Zeb Ara
Zeba
Zeb-un-Nisa
Zee Shan
Zeena
Zeenat; Zinat
Zehba
Zehna
Zehra
Zenia
Zerah
Zerina
Zhalay
Zia
Ziba
Zilal
Zinaat

Zinah, Zinat
Zinat
Zinat-un-Nisa
Zineta
Zinneerah
Ziram
Ziya
Ziyada
Ziyan
Zoeya
Zoha
Zoharin
Zohha
Zohura
Zonira
Zorah
Zoufishan
Zoya
Zubaah
Zubaida
Zubaidah
Zubaria
Zubash
Zubayda
Zubaydah
Zubdah

Zubi

Zueinah

Zuha, Zuhaa

Zuhaira

Zuharah

Zuhayra

Zuhera

Zuhra

Zuhrah

Zuhrah

Zuhriyaa

Zuhur

Zulaikha

Zuleika

Zulekha

Zuleyka

Zulfa

Zulfah

Zumruda

Zumurrud

Zumurruda

Zumzum

Zunaira

Zunairah

Zurafa

Zykaraya

Zynah

Zyva

Thank you for choosing this Islamic baby name book.
Please tell your friends about it and help to make it easier for Muslims to choose the perfect names for their newborn babies.

If you enjoyed this book, please leave a review.

Ma'aasalaama

www.ingramcontent.com/pod-product-compliance
Lightning Source LLC
Chambersburg PA
CBHW050346160726
48002CB00001B/475